纪念中国人民志愿军抗美援朝胜利70周年
纪念人民艺术家常香玉一百周年诞辰

人民艺术家常香玉

主编　马忠义

陕西新华出版
陕西人民教育出版社
·西安·

图书在版编目（C I P）数据

人民艺术家常香玉 / 马忠义主编 . -- 西安 : 陕西人民教育出版社 , 2023.12
ISBN 978-7-5450-9831-0

Ⅰ . ①人… Ⅱ . ①马… Ⅲ . ①常香玉（1922-2004）—生平事迹—画册 Ⅳ . ① K825.78-64

中国国家版本馆 CIP 数据核字（2023）第 243114 号

人民艺术家常香玉

RENMIN YISHUJIA CHANGXIANGYU

主编　马忠义

责任编辑：郑丹阳　马忠义
出　　版：陕西人民教育出版社
发　　行：陕西人民教育出版社
撰　　文：董　大　胡晓冰　郝小奇　王巨川　陈思禹　韦　超　冀福记　王君怀
编　　委：（按姓氏笔画顺序）
马　烈　马云飞　马忠义　王巨川　王长海　王西京　田晓强　刘智杰　杜占全
李海燕　杨小兵　肖云儒　宋亚萍　张宪义　张晓辉　张锦秋　陈　勇　陈嘉康
国小强　郝小奇　胡晓冰　虹　霞　聂芳芳　柴　选　郭兰英　惠广宁　惠敏莉
程建设　焦维民　靳浩东
摄　　影：（按姓氏笔画顺序）
马忠义　王忠瑜　王盛才　白　涛　吕厚民　刘俊成　杜修贤　陈小香　陈书昂
陈嘉康　周淑丽　胡晓冰　袁世逊　袁国祥　常小玉　常如玉　黎　民　魏德忠
（未署名者均为常香玉基金会提供）
编务人员：介　宇　林　春　成　斌　马　宁　张　龙　福　民　培　民　靖　雅　尚　鹏
印　　刷：西安五星印刷有限公司
开　　本：965 mm × 1270 mm　1/16
印　　张：12.75
字　　数：300 千
版　　次：2023 年 12 月第 1 版
印　　次：2023 年 12 月第 1 次印刷
书　　号：ISBN 978-7-5450-9831-0
定　　价：198.00 元

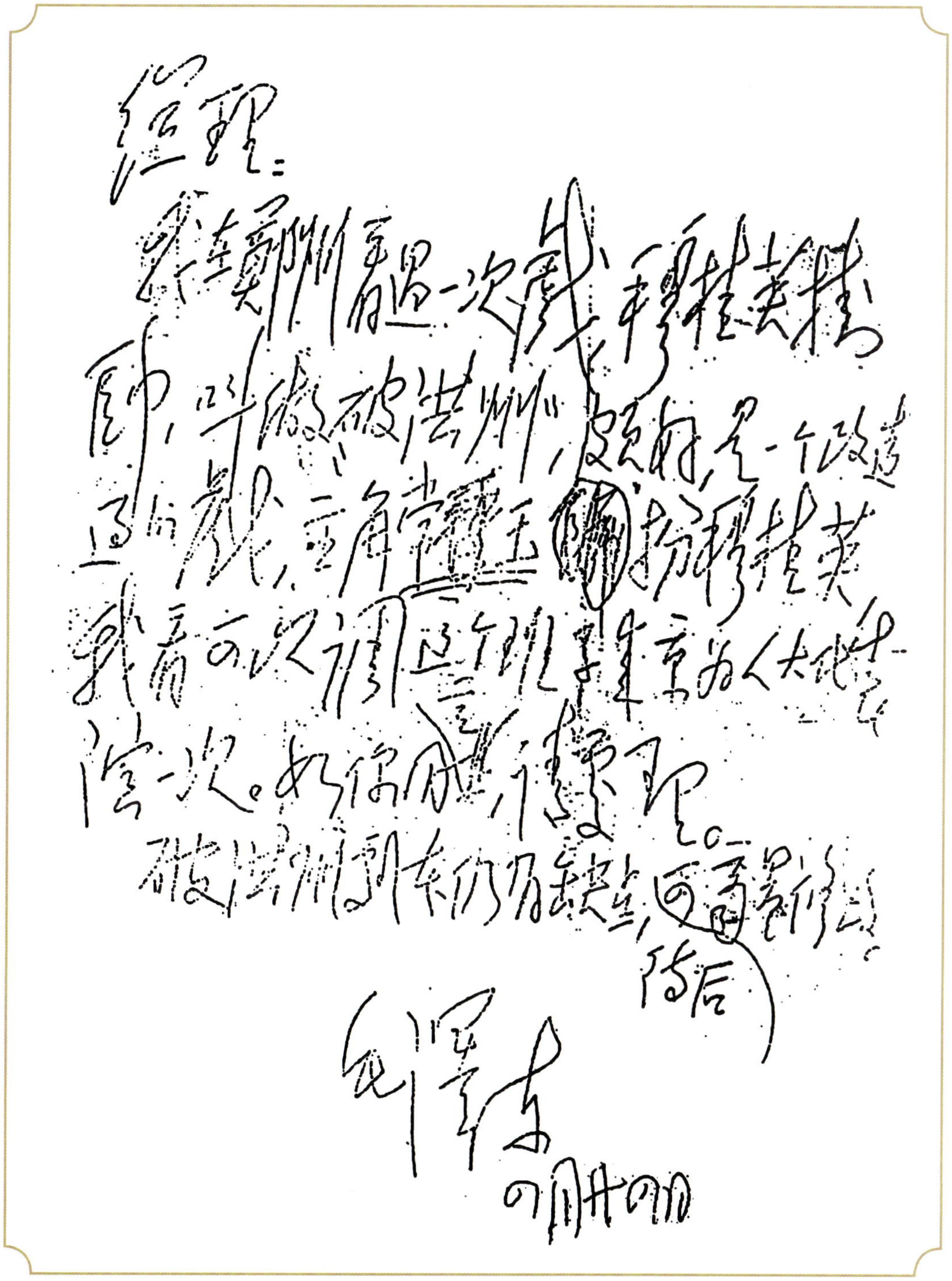

总理：

我在郑州看过一次戏，穆桂英挂帅，叫做《破洪州》，颇好，是一个改造过的戏，主角常香玉扮穆桂英。我看可以调这个班子来京为人大代表演一次。如你同意，请处理。

《破洪州》剧本仍有缺点，待后可商量修改。

毛泽东

四月二十四日

前 言

常香玉同志是德艺双馨的“人民艺术家”。在她一百周年诞辰的时候，组织出版画册《人民艺术家常香玉》，对学习传承她的精神，繁荣发展新时期社会主义文化有着重要的意义。

常香玉，1923 年 10 月 17 日出生于河南省巩县（今巩义市）一个穷苦的家庭。她 9 岁学戏，10 岁登台，13 岁成名，饱经磨砺，受尽苦难。她博采众长，将豫剧中的豫西调与豫东调巧妙融合，创立了唱腔宏阔激越而不失婉约细腻、表演大气大度又兼具明快洒脱、独树一帜的常派艺术，代表作有《花木兰》《白蛇传》《拷红》《破洪州》《大祭桩》《人欢马叫》《柳河湾》《红灯记》等，誉满华夏。

常香玉的艺术精神或追求，就是“戏比天大”。她说过演戏就好比登山，你的眼前总有一座高峰，登上这一座高峰，又有更高的高峰在前边向你招手。“戏比天大”才能够艺无止境、精益求精、臻于化境，所以她将“戏比天大”作为一生的座右铭。常香玉从艺 70 多年从未误场，她精彩绝伦的演唱征服了观众，唱红了祖国的山川大地。

作为从旧社会走过来的艺人，她深知人民遭受的苦难与压迫，痛恨外敌侵略造成百姓流离失所及带来的屈辱，深爱着祖国和人民，所以她在那时就设粥厂救济穷人，招收难民的子女免费学习，排演《大破天门阵》《破洪州》等抗击外辱的剧目和宣传抗日的现代戏《打土地》。尤其抗美援朝时期，她带领香玉剧社在全国巡回义演 178 场，为志愿军捐献了一架飞机。同时她还冒着炮火，带团赴朝慰问演出，极大鼓舞了中朝两国将侵略者赶出去的勇气和志气！为中朝人民赢得保家卫国的反侵略战争做出了不可磨灭的贡献。

1959 年 5 月，常香玉光荣加入中国共产党。从此她更加自觉地把个人的艺术追求与国家、民族的命运紧密联系在一起，她说：“祖国的命运就是自己的命运，我深爱着我的祖国，我的豫剧，我的观众……”她下决心“要跟着老百姓的脚印唱”。无论在白雪皑皑的天山垦区、广袤无边的大庆油田，还是在矿山井下、田野校园，甚至在只有一个战士的边防哨所、一个五保户的老人床前，她都满腔热忱地把自己的艺术奉献给人民。

最为难得是常香玉晚年把全部心血都倾注在青少年演员的培养上。她主动请缨，亲自登台给孩子们授课，跪到水泥地板上给学生做示范。还用自己的积蓄设立了旨在奖掖戏曲新秀的“香玉杯”艺术奖，使祖国优秀戏曲艺术之花，长开长艳，后继有人，香飘四季。

常香玉的艺术成就和模范行为，受到广大人民群众和戏迷朋友的衷心爱戴。她多次受到毛泽东、周恩来、朱德、刘少奇、邓小平、彭德怀、习仲勋等党和国家领导人的亲切接见。为了缅怀一代大师，更好地教育下一代，在党和政府的关怀支持下，在大师故里建立了常香玉红色艺术纪念馆，成为了集爱国主义教育、党史学习、戏曲学习、文化演出、豫剧体验为一体的红色教育基地，该馆已于 2022 年 9 月 30 日正式对外开放。

新中国成立初期，在时任中共中央西北局书记习仲勋的关怀下，常香玉带领香玉剧社从西安出发赴开封、郑州、武汉、长沙、广州、香港、澳门等地义演，产生了巨大的影响。从某种意义上说，常香玉的成长成熟离不开陕西，三秦这方水土让豫剧繁荣发展跨上了新的台阶，也让常香玉和豫剧艺术深入到了陕西人民的心中。

此次编纂出版的《人民艺术家常香玉》画册，由著名红色摄影家、编审马忠义先生主编，陕西人民教育出版社出版。画册分八个部分，以 300 多幅珍贵的历史照片，再次展现常香玉不同寻常的艺术之路，生动展现大师不同时期光艳照人的风采，昭示常香玉的爱国精神和人民情怀。对学习弘扬常香玉的爱国主义精神，对广大青少年及文艺工作者进行爱国主义教育将起到积极的推动作用。

相信在常香玉的精神感召下，我们广大文艺工作者，只要坚定地走文艺为人民服务的道路和以人民为中心的创作导向，不忘热爱祖国、热爱人民的初心，就一定能在以习近平同志为核心的党中央坚强领导下，促进新时代社会主义文化的大发展大繁荣，实现伟大的中国梦！

《人民艺术家常香玉》画册编辑委员会

2023 年 8 月 20 日

目 录

人民艺术家常香玉

常香玉生平简介

常香玉，女，汉族，河南省巩县（今巩义市）人，出生于1923年10月17日，1959年5月加入中国共产党。

常香玉9岁随父张茂堂学戏，初学花旦、小生、武生，后专攻旦角。10岁登台，13岁成名。她原学豫西调，后在演出中逐渐融合豫东、祥符、沙河诸调，并吸收河南曲剧、河南坠子、山西梆子、秦腔、河北梆子、京剧、歌曲等多个艺术品种之长，创造了真假混合声的演唱体系，成为我国民族声乐艺术中的瑰宝，在演唱艺术方面的贡献已经超越了豫剧的范畴，对豫剧的改革、传播和发展做出了重大贡献，形成了独树一帜的常派艺术。其代表剧目《拷红》《白蛇传》《花木兰》《大祭桩》《破洪州》《五世请缨》等至今久演不衰。1951年8月至1952年2月，为支援抗美援朝、保家卫国，以演出收入捐献“香玉剧社号”飞机一架，获“爱国艺人”美誉，受到中国人民抗美援朝总会和西北军政委员会文化部、西北文联的嘉奖。1952年参加第一届全国戏曲观摩演出大会，获最高奖——荣誉奖。1956年获河南省戏曲观摩演出大会荣誉奖。1987年10月获中国艺术节（中南）荣誉奖，大会组委会授给常香玉“香玉杯”。1989年获第一届“中国金唱片奖”。1994年获纽约华美协会颁发的“亚洲最佳艺人终身艺术成就奖”。1995年获全国先进工作者称号、全国文化系统先进工作者称号。1996年被聘为“中国文联荣誉委员”。

常香玉曾任第一、二、三、五、六、七届全国人民代表大会代表和西北妇联执行委员、西北文联委员、中华全国妇联执行委员、中国文联主席团委员、中国戏剧家协会副主席、河南省文联副主席、河南省戏剧家协会主席等职。1948年创办西安香玉豫剧补习学校，任董事长，10月成立香玉剧社，任社长。1956年任河南豫剧院院长。1978年任河南省戏曲学校校长。1987年经中共河南省委批准，自筹基金，设立“香玉杯”艺术奖，奖励从事河南地方戏曲艺术的优秀人才。

2004年6月1日，因病在郑州逝世，享年81岁。

2004年7月，国务院追授常香玉同志“人民艺术家”荣誉称号。

2006年，中共中央组织部追授常香玉同志为“全国优秀共产党员”。

学习常香玉 做德艺双馨的文艺工作者

刘云山

中央对宣传常香玉先进事迹非常重视，李长春同志在常香玉同志逝世以后做了几次批示，特别是对怎样宣传好常香玉、学习好常香玉提出了非常具体的意见。刚才，全书同志把报告团的组成情况以及在河南的宣讲情况做了简要的介绍。我代表至立同志、代表我们几位对报告团的辛勤工作表示感谢。还要感谢河南省委、河南省政府对宣传常香玉的高度重视。同时还要感谢河南省 9 000 万人民，因为常香玉是中原大地这块热土抚育出来的。最近我们宣传的几个典型都是河南人，穆青、任长霞、常香玉，所以河南这块热土不得了啊。这也是河南的贡献，贡献了英模，贡献了一种精神。

常香玉是当代文艺工作者的优秀代表，是文艺界学习的榜样。她是一名豫剧艺术家，但她的艺术成就得到了整个文艺界的赞赏，是一位公认的艺术大师；她是一名文艺工作者，但她的影响远远超越了文艺界，在人民群众中享有崇高的声誉，受到广大群众的爱戴。她虽然去世了，但她留下的精神遗产非常宝贵。我们今天组织报告团，就是要学习常香玉，宣传常香玉，弘扬常香玉的精神。最近在文艺界、新闻出版界开展的“三项学习教育”活动，我们非常响亮地提出一个口号：新闻界学穆青，文艺界学常香玉。

我觉得学习常香玉最重要的，是学习常香玉的精神。常香玉有一句话我印象很深，她说：“演戏最重要的是精、气、神。”我看常香玉艺术的魅力就在这个精、气、神上。常香玉一出现在舞台上，她的一招一式，她的做派，给人印象最深的也是精、气、神。这个精、气、神，实际上是常香玉人生的一种写照。人要有这种精神，不管做什么都要有这种精神。体现在她自己身上，最突出的就是炽热的爱国主义精神。她始终把个人的艺术追求与国家、民族的事业紧密联系在一起，与时代同步伐，与国家共命运。我们耳熟能详、家喻户晓的，就是她在抗美援朝时把她的积蓄和义演得到的 15 万元人民币捐献给了志愿军。这是她爱国主义精神的集中体现。

常香玉还留下来一句名言：“戏比天大。”前两天我看一篇文章说现在有人“把演戏当游戏”，这就跟常香玉形成鲜明的对照。对于所有艺术家来说，艺海无涯。常香玉把艺术当作自己的生命，一丝不苟，精益求精，孜孜不倦地追求。还有就是她艺术上的创新精神。她深深地知道，艺术的生命力在于创新。她广泛吸收其他艺术形式、豫剧各种流派的精华，大胆探索，大胆改革，博采众长，融会贯通，形成了众所公认的常派艺术，创造了豫剧艺术的辉煌。“戏比天大”是常香玉的艺术写照，也应当成为所有文艺工作者的座右铭。

常香玉还常说，“人民是我们的衣食父母”。这句话听起来好像很平凡、很淳朴，但这句话反映了一个很重要的思想，就是把艺术家跟人民的位置摆得非常准确。人民不光是艺术家的衣食父母，人民还是艺术家精神的父母。没有人民就没有我们的艺术，只有心里装着人民，为人民去演出，为人民去歌唱，才能把最好的精神食粮奉献给人民。这一点在常香玉同志身上表现得非常突出，她始终坚持为人民服务。常香玉同志去世以后，我们研究授予她一个什么称号才最贴切、最崇高，最后决定授予她“人民艺术家”。我觉得把“人民” 加到常香玉头上当之无愧，而且是最高荣誉。如果常香玉在世，征求她的意见，她也一定会欣然接受。

开展向常香玉学习的活动是当前文艺界的一项重要任务，有很强的现实意义。文艺界要把向常香玉同志学习作为“三项学习教育”活动的重要内容，精心组织，认真安排，深入扎实地开展下去。广大文艺工作者要通过向常香玉同志学习，进一步增强实践“三个代表”重要思想的自觉性与坚定性，牢固树立马克思主义唯物史观和文艺观，坚持贴近实际、贴近生活、贴近群众，大力弘扬和恪守高尚的职业精神和职业道德，努力成为德艺双馨的文艺工作者，促进社会主义文艺事业的繁荣发展。

（本文系时任中共中央政治局委员、书记处书记、中共中央宣传部部长刘云山 2004 年 7 月 6 日在接见“常香玉德艺双馨事迹报告团”时的讲话摘要）

1964年元旦，毛泽东在北京怀仁堂观看常香玉主演的《朝阳沟》并亲切接待时的情景。

国务院关于追授常香玉同志
“人民艺术家”荣誉称号的决定

人事部、文化部、中国文学艺术界联合会：

常香玉同志是我国著名豫剧大师。在 70 多年的艺术实践中，她善于继承，勇于创新，创立了独树一帜的常派艺术。她先后在《花木兰》《白蛇传》《拷红》《破洪州》《五世请缨》和《朝阳沟》等剧中，成功地塑造了一系列生动感人的艺术形象，深受广大人民群众的喜爱。常香玉同志对民族戏曲艺术充满着炽热的情感，始终履行自己提出的“戏比天大”的诺言，将毕生的精力贡献给了我国民族戏曲事业。

常香玉同志对党、对人民怀有深厚的感情，凡是党的号召、人民的需要她都竭尽全力。在中华人民共和国成立初期为支援抗美援朝，她率剧社巡回各地义演半年，以演出收入捐赠“香玉剧社号”战斗机一架。随后，她又率团亲赴朝鲜，冒着战火硝烟慰问志愿军，在 175 天中演出了 180 场。此后在大庆油田初创期间和其他重大活动中，她都率团慰问演出。近年来，尽管她年事已高，但仍积极参与社会公益活动，在病重治疗期间还抱病参加慰问奥林匹克中心建筑工人的演出。她的一生是献身艺术的一生，是爱党、爱国、爱人民的一生。

常香玉同志是人民的艺术家，深受广大人民群众的尊敬和爱戴。她忠诚实践“三个代表”重要思想，为党的事业、为民族艺术的发展做出了杰出的贡献。为贯彻落实发展先进文化的时代要求，弘扬常香玉同志的崇高精神，国务院决定追授常香玉同志“人民艺术家”荣誉称号。

国务院号召全国广大艺术工作者以常香玉同志为榜样，热爱祖国，热爱中国共产党，热爱人民；学习她对艺术精益求精、勇于创新的艺术品格；学习她德艺双馨、无私奉献的品质和崇高精神，为繁荣和发展我国艺术事业做出更大的贡献。

中华人民共和国国务院

2004 年 7 月 7 日

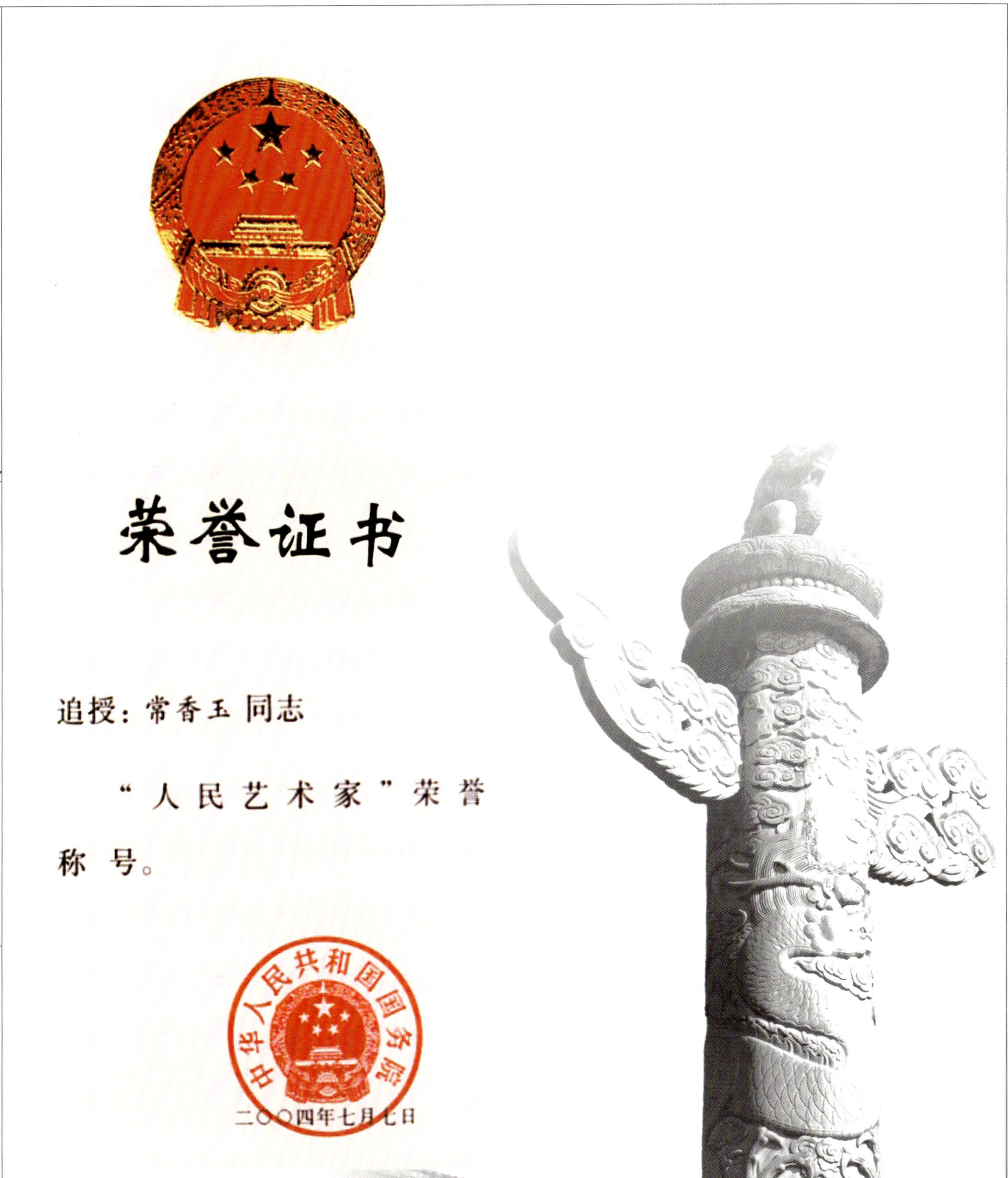

荣誉证书

追授：常香玉 同志

“人民艺术家”荣誉称号。

中华人民共和国国务院

二〇〇四年七月七日

2004年7月7日国务院追授常香玉同志“人民艺术家”荣誉称号的荣誉证书。

中共中央宣传部、文化部、中国文联
关于在全国文艺系统开展向常香玉同志学习活动的通知

各省、自治区、直辖市党委宣传部、文化厅（局）、文联：

为繁荣发展中国特色社会主义文化，加强文艺队伍建设，推动“三个代表”重要思想、马克思主义唯物史观和文艺观、职业精神职业道德“三项学习教育”活动深入开展，中共中央宣传部、中华人民共和国文化部、中国文学艺术界联合会决定，在全国文艺系统广泛开展向常香玉同志学习活动。

常香玉同志(1923.10—2004.6)是杰出的豫剧表演艺术家。她出生于河南巩县（今巩义市），1959年加入中国共产党，曾任第一、二、三、五、六、七届全国人民代表大会代表，是中国文联荣誉委员，曾担任中国戏剧家协会副主席、河南省文联副主席、河南省戏剧家协会主席、河南豫剧院院长、河南省戏曲学校校长、河南省文化厅顾问等职务；荣获全国劳动模范、文化部荣誉奖、中国文联优秀工作者等称号。

常香玉同志一生始终不渝地热爱祖国，服务人民。抗美援朝期间，她将义演所得捐献给国家，购买战斗机，为国分忧，还亲赴前线为志愿军和朝鲜人民慰问演出。几十年来，她始终把艺术无私地奉献给人民，她演出的足迹遍布农村、厂矿、学校和哨所，深受广大人民群众的爱戴。在长达70多年的艺术生涯中，常香王同志始终遵循“戏比天大”的信念，在艺术上执着追求，锐意创新，精益求精，创造了独树一帜的常派艺术，塑造了《花木兰》等众多家喻户晓的舞台艺术形象，对豫剧艺术的发展做出了重要贡献。她以强烈的事业心和责任感培养新人，使豫剧艺术薪火相传，发扬光大。常香玉同志德艺双馨，是广大文艺工作者学习的楷模。

广大文艺工作者要学习常香玉同志对党和人民无限忠诚的精神和信念，坚持先进文化前进方向，紧跟时代步伐，讴歌真善美，为社会主义文艺事业呕心沥血、无私奉献；学习她始终坚持贴近实际、贴近生活、贴近群众，让艺术深深扎根于人民群众的沃土之中，努力把最美好的精神食粮献给人民群众；学习她不为名，不为利，洁身自好、始终如一的崇高精神境界和品格；学习她在艺术上孜孜追求、善于创新、博采众长、永远进取的精神，做一个新世纪德艺双馨的文艺工作者。

文艺系统各单位要把开展向常香玉同志学习的活动，作为“三项学习教育”活动的重要内容，认真做出安排。要以常香玉同志为榜样，联系文艺界实际，开展如何做新世纪德艺双馨的文艺工作者的讨论，把“三项学习教育”活动引向深入。通过向常香玉同志学习，要进一步增强实践“三个代表”重要思想的自觉性和坚定性，牢固树立马克思主义唯物史观和文艺观，恪守和弘扬高尚的职业道德和职业精神，努力建设一支德艺双馨、高素质的文艺工作队伍，更好地担负起新世纪繁荣发展社会主义文艺、建设中国特色社会主义文化的重任。

2004年6月15日

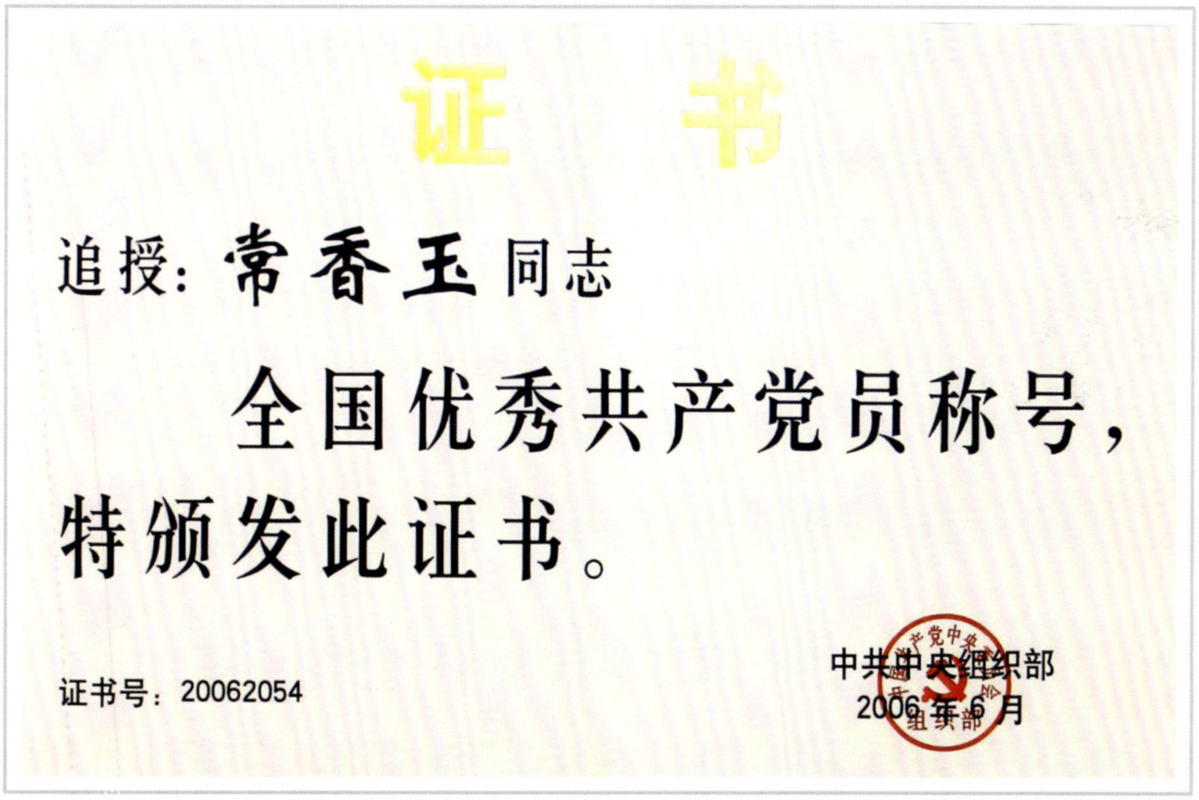

证 书

追授：常香玉同志

全国优秀共产党员称号，

特颁发此证书。

证书号：20062054

中共中央组织部

2006年6月

2006年7月中共中央组织部追授常香玉同志“全国优秀共产党员”称号的证书、奖章。

常香玉同志被评为时代领跑者——中华人民共和国成立六十年最具影响的劳动模范。

二〇〇九年九月

时代领跑者

——中华人民共和国成立六十年最具影响的劳动模范

证书

2009 年常香玉被中华全国总工会评为时代领跑者——中华人民共和国成立六十周年最具影响的劳动模范

授予 常香玉 “最美奋斗者”称号

二〇一九年九月

2019 年常香玉被中共中央宣传部、组织部，中华人民共和国教育部等单位授予“最美奋斗者”称号

■ 第一部分

大师风采

人民艺术家常香玉，从中原大地的嵩山脚下、伊洛河之畔走出来，奋进在秦岭山麓、西北高原，奔波在大河上下、长江南北，80 余载风雨人生，70 多年艺术生涯，心系祖国，心系人民，从一个普通艺人成长为一个几代人所敬重的人民艺术家、一位享誉中外的豫剧大师，在革命、建设和改革开放的各个历史时期，用生命和艺术为祖国、为人民贡献了一切，直到人生最后一幕。她的精神，她的艺术，她的风采，镌刻在历史的丰碑上，长留在人们的心目中，永远活在中华民族戏曲的舞台上。

15 岁的常香玉（1938 年）

15岁的常香玉在开封演出《秦雪梅》剧照（1938年）

常香玉 20 岁时在陕西汉中留影（1943 年）

1949年，常香玉在兰州演出《貂蝉》剧照。

1949年，常香玉在甘肃演出《金碧霞》剧照。

20世纪50年代，常香玉演出《挎红》剧照。

1950 年，常香玉在西安演出《二度梅》剧照。

1951年，常香玉在西安。

1951 年，常香玉演出《花木兰》剧照。

1951年，常香玉（左）在汉口演出《西厢记》，扮演红娘。

1953 年，常香玉在西安手捧志愿军赠送的“香玉剧社号”飞机模型。

常香玉接受志愿军四十七军一四一师赠送的锦旗

1953 年，常香玉从朝鲜慰问志愿军胜利归来，在西安火车站受到热烈欢迎。

1954年，常香玉在新疆慰问演出《断桥》后向观众谢幕致意。

1959年，常香玉在兰州演出《破洪州》，饰穆桂英的剧照。

1960年，常香玉在兰州演出《大祭桩》剧照。

1962年元月，常香玉在平顶山煤矿井下。

1963年，常香玉在北京留影。

1964 年，常香玉在北京演出《朝阳沟》饰拴宝娘的剧照。

1974 年，常香玉与郑州市豫剧团在河南人民剧院上演现代戏《红灯记》，饰李奶奶。

1977 年，常香玉率领豫剧团在河南义马煤矿为工人们演唱。

1987 年 10 月，常香玉荣获中国艺术节（中南）颁发的荣誉奖。

1990 年，常香玉参加全国人民代表大会。

功不可一日不练

第二部分

艺术人生

常香玉的人生与艺术，既是人生又是艺术，既是艺术更是人生。她用生命燃烧艺术，用艺术照亮人生，在人生中炼出崇高，在艺术中造就精美。她是一个大写的人，一个爱党爱国的人，一个爱民爱军的人。为救助难民，无数次义演，舍饭送粮；为国分忧，毁家纾难，义演捐机；听从党的召唤，奔赴天山南北，南国边防慰军，跨过鸭绿江，在战火硝烟中为志愿军歌唱。她更是一位有理想有抱负的艺术家，恪守“戏比天大”的坚定信念，坚持“艺无止境”，不断探索，与时代同步伐，与国家共命运，弘扬优秀传统，追求创新精神，广泛吸纳，善于借鉴，创立了独树一帜的常派艺术，为人民群众奉献出了喜闻乐见的广为流传的优秀剧目，积极推进了豫剧艺术的创新和繁荣。常香玉一生，用智慧和实际行动，在人生舞台和艺术舞台上谱写了一个人民艺术家真正的辉煌。

1950 年，常香玉在西安。

1956年，《花木兰》剧照。

唱响开封 誉满西北

“寒门出骄子”。常香玉幼时家贫，为了生计，跟着父亲学戏。10 岁登台后，在豫西崭露头角。13 岁时闯开封，三出戏相继打响。演出《秦雪梅》，长歌当哭，令观者动容。《泗州城》武功出色，使豫剧有了出手戏。大胆突破传统豫西调，学唱融合豫东调，创造了豫剧旦角声腔真假声结合的混合声腔。结识文化名人王镇南、史书明，成立中州戏曲研究社，上演新编戏《六部西厢》，轰动开封，和当红的“豫剧皇后”陈素真争奇斗艳。为宣传抗日，上演现代戏《打土地》，开豫剧演现代戏的先河。1938 年应邀到西安，从此，西安成了她的第二故乡，也是她艺术人生的洞天福地。她在这里生根、发芽、开花、结果。她以西安为基地，奋进在西北高原上，常年不辞辛苦，为西北广大人民群众奉献出了约 115 个优秀剧目，深得人民的喜爱。斗转星移，春秋代序，在陕西的 18 年中，她善于继承传统，勇于改革创新，积极吸收借鉴，以《红》《白》《花》为标志，创立了独树一帜的常派艺术。是她首次把豫剧的种子撒在黄河上下、大江南北，把豫剧带到首都北京舞台上亮相，并让豫剧走向世界。

常香玉 15 岁时演出《秦雪梅》剧照。

此为中国艺术研究院藏存的常香玉 13 岁时 (1936 年) 在开封，由胜利公司灌制的两张钢针唱片《秦雪梅闹书馆》《秦雪梅祭灵》，这是常香玉留下的最早的原声资料。

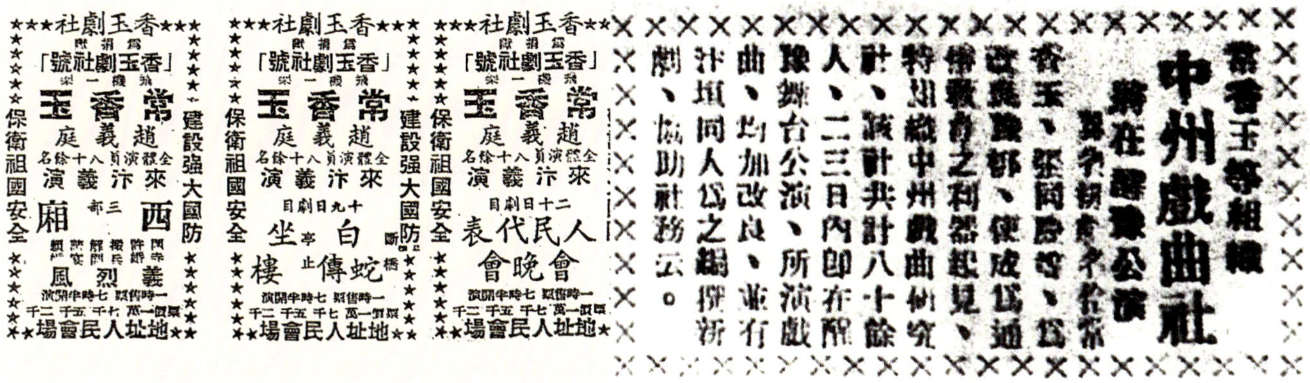

1951 年，《河南日报》刊登的常香玉捐机义演剧目广告。

1951 年，常香玉演出《花木兰》的剧照。

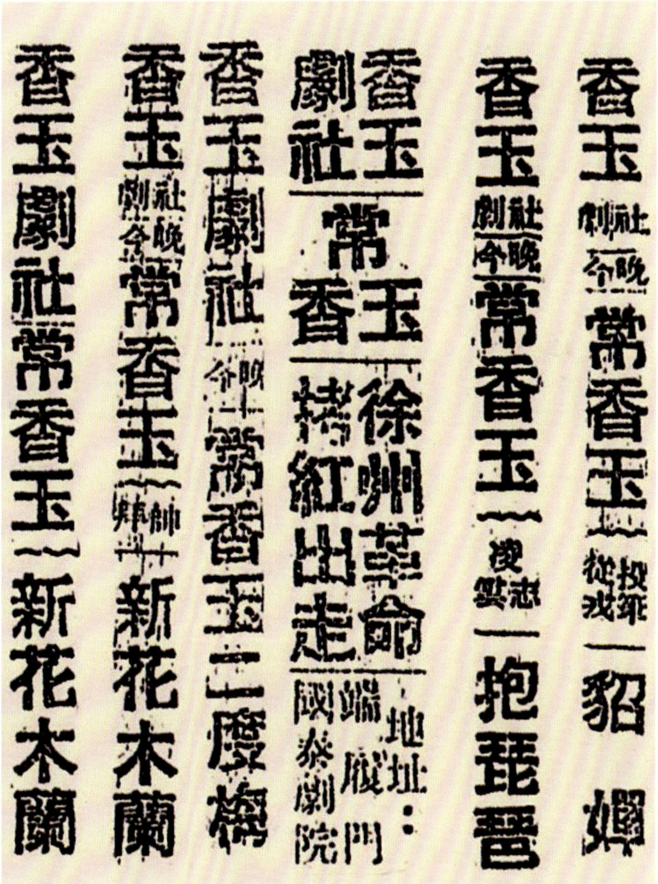

1952 年，《群众日报》刊登的常香玉演出剧目广告。

第二部分　艺术人生

常香玉 20 岁时在陕西汉中留影。

1950 年，常香玉扮演吕布的剧照。

1952 年，常香玉在西安担任“香玉剧社”社长时的留影。

1959年，常香玉扮演《拷红》中的红娘剧照。

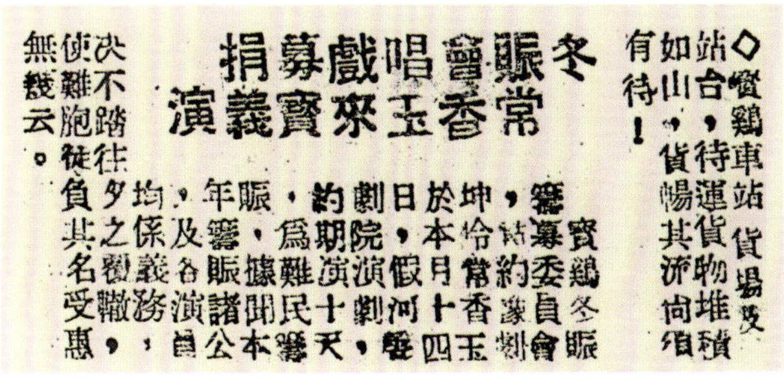

◇寶鷄車站貨場及站台，待運貨物堆積如山，貨暢其流尚須有待！

冬賑會唱戲募捐
常香玉來寶義演

寶鷄冬賑籌募委員會，特約豫劇坤伶常香玉，於本月十四日，假河南劇院演劇，約期演十天，爲難民籌賑，據聞本年籌賑諸公，及各演員，均係義務，決不蹈往夕之覆轍，使難胞徒負其名，受惠無幾云。

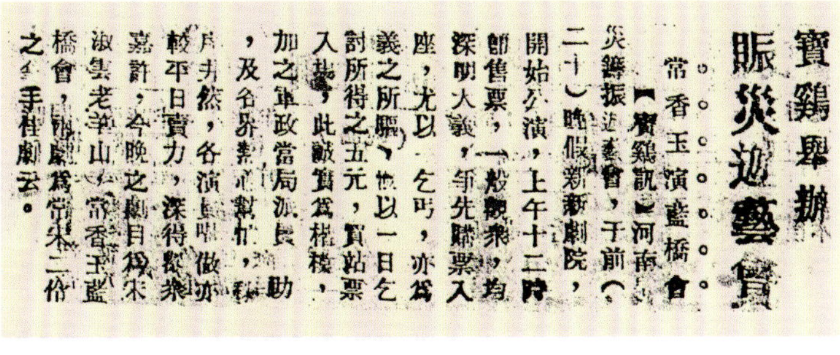

寶鷄舉辦
賑災遊藝會

。。。。。。。

常香玉演藍橋會

【寶鷄訊】河南災籌振遊藝會，于前（二十）晚假新新劇院開始公演，上午十二時即售票，一般觀衆，均深明大義，爭先購票入座，尤以乞丐，亦爲義之所驅，也以一日乞討所得之五元，買站票入場，此誠實爲[illegible]，加之軍政當局派員協助，及各界[illegible]，[illegible]井然，各演員咸做亦較平日賣力，深得觀衆嘉許，今晚之劇目爲宋淑貞老爺山，常香玉藍橋會，壓軸爲常米二伶之拿手佳劇云。

20世纪四五十年代，由于河南不断遭受天灾人祸，数百万河南人逃难到陕西。常香玉同情关爱故乡的同胞，在西安、宝鸡等地赈灾义演，救助难民，设粥棚，发舍饭，用架子车送救济粮，到难民住处嘘寒问暖。为让难民的孩子能上学，又多次义演捐款给难民学校。众多受助的人，至今念念不忘常香玉的救命之恩。

1949 年，常香玉在兰州演出《金碧霞》的剧照，右为常香玉，左为马兰香。

1949 年，常香玉在兰州演出《金碧霞》剧照。

20 世纪 50 年代初，常香玉（中）演出《如姬窃符》剧照。

1950 年，西北妇代会全体代表合影，前右一为常香玉。

1952 年，常香玉和“香玉剧社”的演职人员一起座谈。

1952 年，常香玉（右一）参加西北文联举办的政治文化学习班。

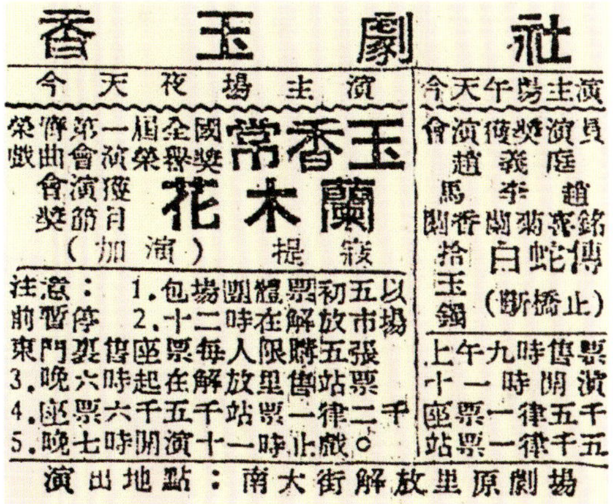

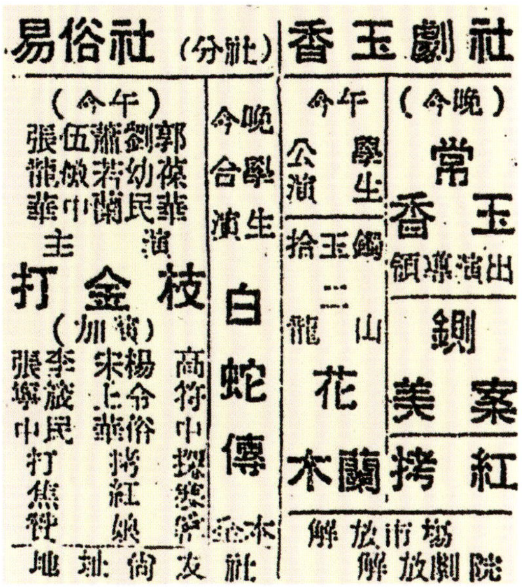

1952 年—1955 年《群众日报》《西安日报》刊登的常香玉演出剧目广告。

捐机义演 赤心报国

中原一代奇女子，爱国捐机唱木兰。每当我们看到“香玉剧社号”战斗机的图像英姿，或者听到常香玉这一爱国义举的时候，总是心潮难平，肃然起敬。常香玉在半年之内各地义演，完成捐献“香玉剧社号”飞机一架；数千名干部群众在西安火车站为她壮行；开封、郑州、新乡的广大人民群众为欢迎和支持中原儿女回故乡捐机义演，争先恐后购票看爱国戏；汉口、武昌人民的热情帮助，广州人民的支持和义捐，长沙人民的热烈欢迎……180 个日日夜夜，八千里路云和月，抗过炎热的夏季，熬过寒冷的冬天，提前胜利完成了任务，凯旋西安。常香玉创造了奇迹，受到了全国人民的高度赞扬。

“香玉剧社号”战斗机。

人民日報

一九五〇年七月二十二日

各國人民聲援朝鮮人民鬥爭 反對美帝國主義的武裝干涉

波各工會捐款 支援朝鮮人民

德統一社會黨代表大會 討論烏布利希報告 大會通電聲援朝鮮人民

越南外長發表 斥美帝侵略

越盟聲援朝鮮人民

各國人民廣泛展開 聲援朝鮮人民

1950 年 7 月 22 日，《人民日报》报道的各国人民支持朝鲜人民的消息。

常香玉手捧战斗机模型

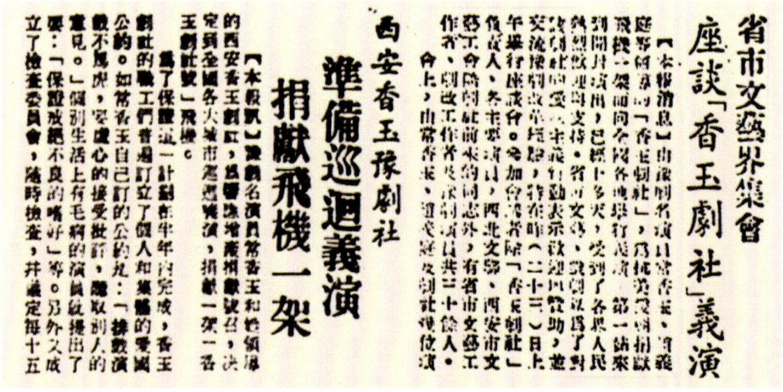

省市文藝界集會 座談「香玉劇社」義演

西安香玉豫劇社 準備巡迴義演 捐獻飛機一架

1951 年 8 月 24 日，《河南日报》报道的常香玉参加省市文艺界座谈会的消息。

1953 年 8 月 12 日，西安《群众日报》报道。

1951 年，常香玉演出《花木兰》的剧照。

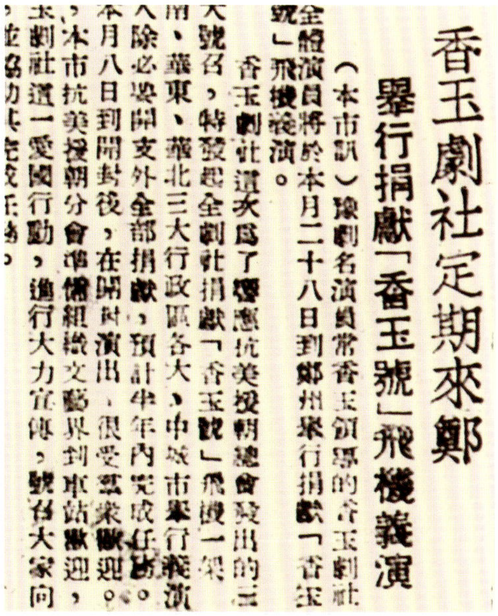

香玉劇社定期來鄭

舉行捐獻「香玉號」飛機義演

（本市訊）豫劇名演員常香玉領導的香玉劇社全體演員將於本月二十八日到鄭州舉行捐獻「香玉號」飛機義演。

香玉劇社這次爲了響應抗美援朝總會發出的三大號召，特發起全劇社捐獻「香玉號」飛機一架，……南、華東、華北三大行政區各大、中城市舉行義演，……入除必要開支外全部捐獻，預計半年內完成任務。本月八日到開封後，在開封演出，很受群衆歡迎。……，本市抗美援朝分會準備組織文藝界到車站歡迎，……玉劇社這一愛國行動，進行大力宣傳，號召大家向……

1951 年 8 月 26 日，《郑州日报》消息。

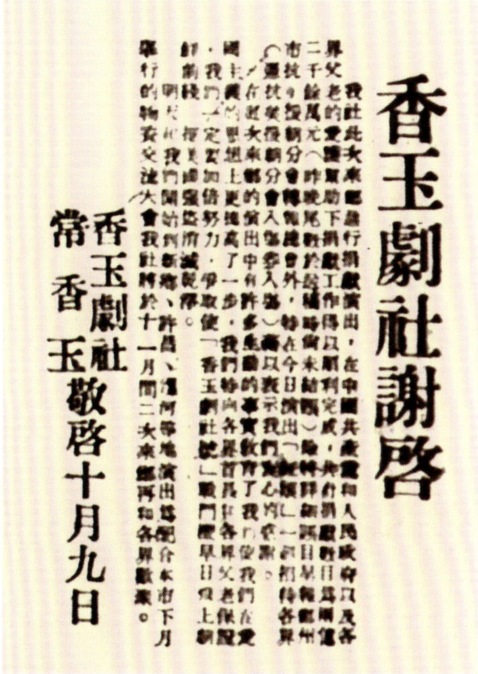

香玉劇社謝啓

香玉劇社
常香玉敬啓十月九日

1951 年 10 月 9 日，香玉剧社谢启。

1951 年 11 月初至 12 月上旬，香玉剧社在武汉义演《花木兰》，常香玉饰花木兰（前）。

1951 年，《花木兰》“征途”一场，常香玉（左一）饰花木兰。

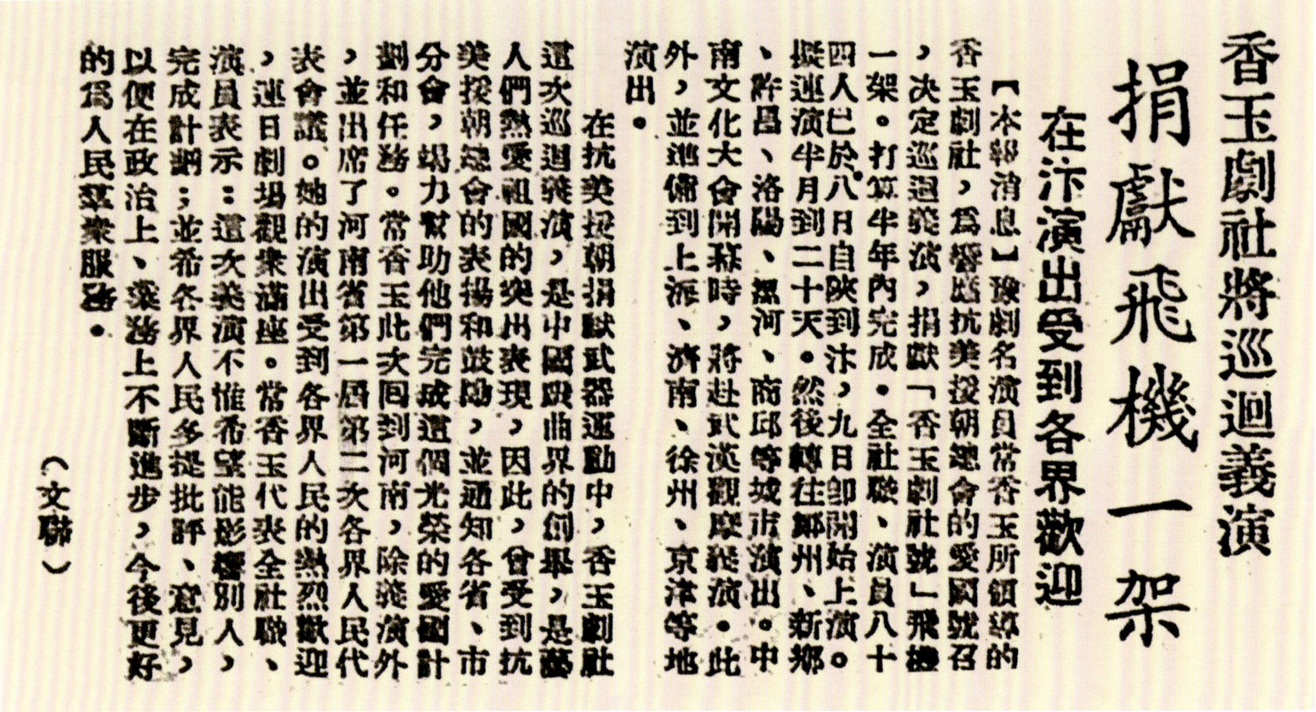

香玉劇社將巡迴義演

捐獻飛機一架

在汴演出受到各界歡迎

【本報消息】豫劇名演員常香玉所領導的香玉劇社，爲響應抗美援朝總會的愛國號召，決定巡迴義演，捐獻「香玉劇社號」飛機一架。打算半年內完成。全社職、演員八十四人已於八月自陝到汴，九日即開始上演。擬巡演半月到二十天。然後轉往鄭州、新鄉、許昌、洛陽、漯河、商邱等城市演出。中南文化大會開幕時，將赴武漢觀摩演出。此外，並準備到上海、濟南、徐州、京津等地演出。

在抗美援朝捐獻武器運動中，香玉劇社這次巡迴義演，是中國戲曲界的創舉，是藝人們熱愛祖國的突出表現，因此，曾受到抗美援朝總會的表揚和鼓勵，並通知各省、市分會，竭力幫助他們完成這個光榮的愛國計劃和任務。常香玉此次回到河南，除義演外，並出席了河南省第一屆第二次各界人民代表會議。她的演出受到各界人民的熱烈歡迎，連日劇場觀衆滿座。常香玉代表全社職、演員表示：這次義演不惟希望能影響別人，完成計劃；並希各界人民多提批評、意見，以便在政治上、業務上不斷進步，今後更好的爲人民羣衆服務。（文聯）

1951 年 8 月 13 日，《河南日报》刊登义演消息。

1951 年 11 月，常香玉为抗美援朝捐献飞机，带领香玉剧社前往汉口演出，此图为在《花木兰》一剧中扮演花木兰剧照。

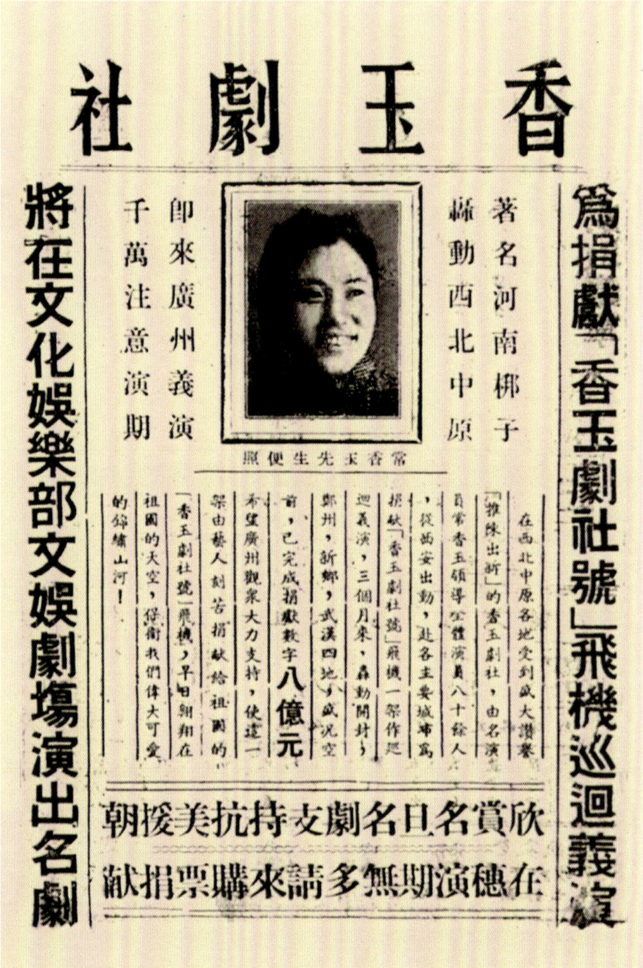

香玉劇社

爲捐獻「香玉劇社號」飛機巡迴義演

著名河南梆子
轟動西北中原

即來廣州義演
千萬注意演期

常香玉先生便照

在西北中原各地受到盛大讚譽「推陳出新」的香玉劇社，由名演員常香玉領導全體演員八十餘人，從西安出動，赴各主要城市爲捐獻「香玉劇社號」飛機一架作巡迴義演，三個月來，轟動開封、鄭州、新鄉、武漢四地，盛況空前，已完成捐獻數字**八億元**。希望廣州觀衆大力支持，使這一架由藝人刻苦捐獻給祖國的「香玉劇社號」飛機，早日翱翔在祖國的天空，保衛我們偉大可愛的錦繡山河！

欣賞名旦名劇支持抗美援朝

在穗演期無多請來購票捐獻

將在文化娛樂部文娛劇場演出名劇

1951 年 12 月，广州《联合报》刊登的香玉剧社演出广告。

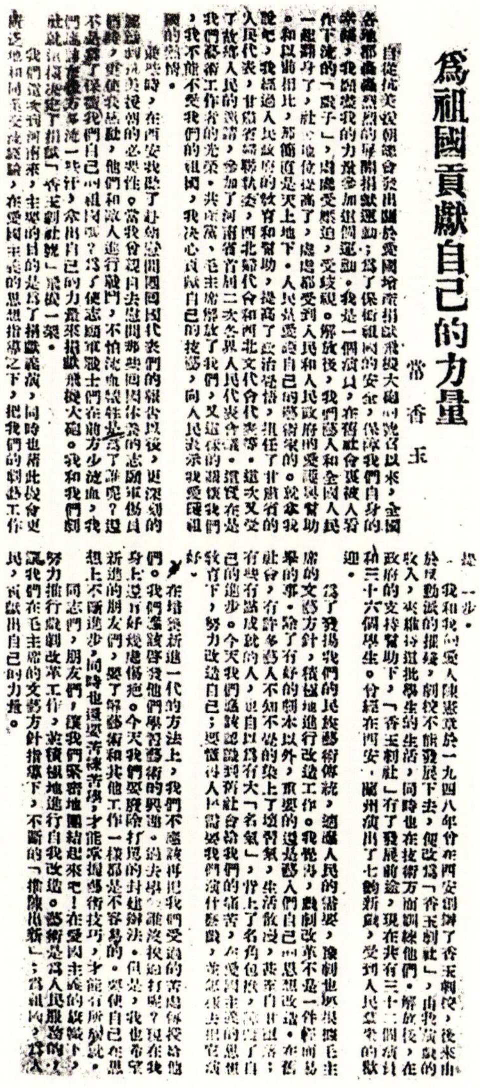

為祖國貢獻自己的力量

常香玉

1951 年 8 月 16 日，《河南日报》刊登的常香玉写的文章。

1951 年在武汉义演《花木兰》剧照，常香玉饰花木兰。

常香玉（中）在《断桥》中饰白素贞。

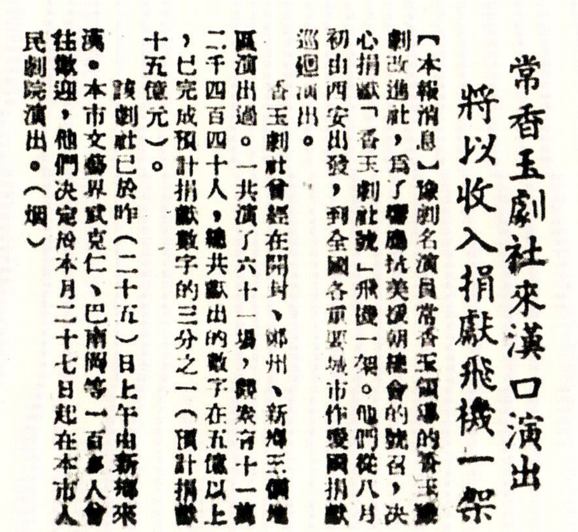

常香玉劇社來漢口演出
將以收入捐獻飛機一架

【本報消息】豫劇名演員常香玉領導的香玉劇改進社，為了響應抗美援朝總會的號召，決心捐獻「香玉劇社號」飛機一架。他們從八月初由西安出發，到全國各重要城市作愛國捐獻巡迴演出。

香玉劇社曾經在開封、鄭州、新鄉三個地區演出過。一共演了六十一場，觀眾有十一萬二千四百四十人，總共獻出的數字在五億以上，已完成預計捐獻數字的三分之一（預計捐獻十五億元）。

該劇社已於昨（二十五）日上午由新鄉來漢。本市文藝界武克仁、巴南岡等一百多人會往歡迎，他們決定於本月二十七日起在本市人民劇院演出。（娟）

1951 年 10 月 26 日，汉口《大刚报》报道的常香玉率领香玉剧社来汉口义演消息。

1951 年 11 月，常香玉（二排左四）带领香玉剧社在汉口义演后，与部分演职人员合影。

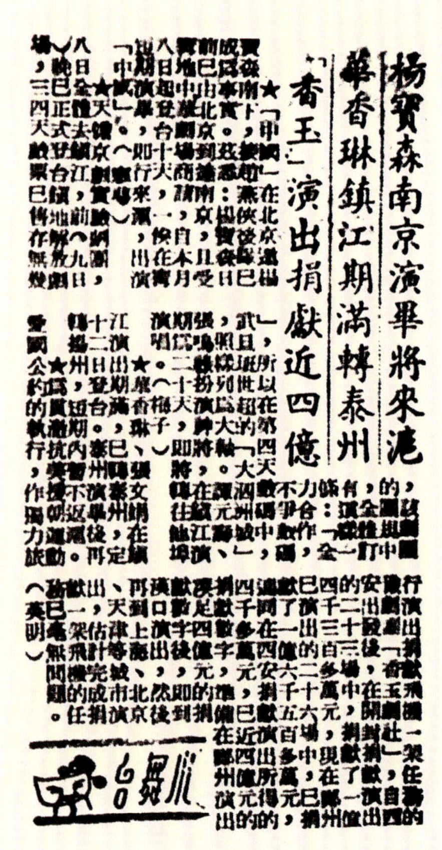

杨寶森南京演畢將來滬

華香琳鎮江期滿轉泰州

「香玉」演出捐獻近四億

1951 年 10 月 25 日，《上海大报》报道的常香玉义演捐机消息。

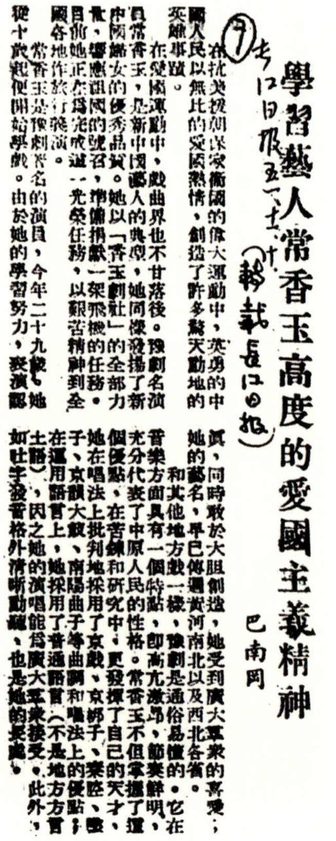

⑦ 長江日报 五一、十一、十（轉載長江日報）

學習藝人常香玉高度的愛國主義精神

巴南岡

在抗美援朝保家衛國的偉大運動中，英勇的中國人民以無比的愛國熱情，創造了許多驚天動地的英雄事蹟。

在愛國運動中，戲曲界也不甘落後。豫劇名演員常香玉，是新中國藝人的典型，她同樣發揚了新中國婦女的優秀品質。她以「香玉劇社」的全部力量，響應祖國的號召，捐獻一架飛機的任務。目前，她正在為完成這一光榮任務，以艱苦精神到全國各地作旅行公演。

常香玉是豫劇著名的演員，今年二十九歲。她從十歲起便開始學戲。由於她的學習努力，表演認眞，同時敢於大胆創造，她受到廣大羣衆的喜愛；她的藝名，早已傳遍黃河南北以及西北各省。

和其他地方戲一樣，豫劇是通俗易懂的。它在音樂方面具有一個特點，即高亢激昂、節奏鮮明，充分代表了中原人民的性格。常香玉不但掌握了這個優點，在苦鍊和研究中，更發揮了自己的天才，她在唱法上批判地採用了京戲、京梆子、秦腔、墜子、京韻大鼓、南陽曲子等曲調和唱法上的優點；在運用語言上，她採用了普通語言（不是地方方言土語），因之她的演唱能為廣大羣衆接受。此外，如吐字發音格外清晰動聽，也是她的長處。

1951 年 11 月 10 日，《长江日报》刊登的巴南冈学习常香玉的文章。

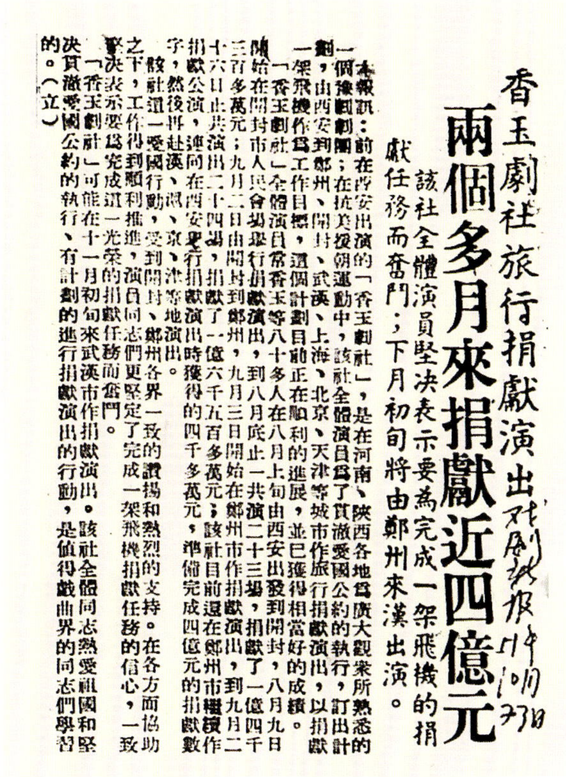

香玉劇社旅行捐獻演出

兩個多月來捐獻近四億元

該社全體演員堅決表示要為完成一架飛機的捐獻任務而奮鬥；下月初旬將由鄭州來漢出演。

本報訊：前在西安出演的「香玉劇社」，是在河南、陝西各地為廣大觀眾所熟悉的一個豫劇劇團；在抗美援朝運動中，該社全體演員為了貫徹愛國公約的執行，訂出計劃，由西安到鄭州、開封、武漢、上海、北京、天津等城市作旅行捐獻演出，以捐獻一架飛機作為工作目標，這個計劃目前正在順利的進展，並已獲得相當好的成績。

「香玉劇社」全體演員常香玉等八十多人在八月上旬由西安出發到開封，八月九日開始在開封市人民會場舉行捐獻演出，到八月底止一共演二十三場，捐獻了一億四千三百多萬元；九月二日由開封到鄭州，九月三日開始在鄭州市作捐獻演出，到九月二十六日止共演出二十四場，捐獻了一億六千五百多萬元；該社目前還在鄭州市繼續作捐獻公演，連同在西安舉行捐獻演出時獲得的四千多萬元，準備完成四億元的捐獻數字，然後再赴漢、滬、京、津等地演出。

該社這一愛國行動，受到開封、鄭州各界一致的讚揚和熱烈的支持。在各方面協助之下，工作得到順利推進，演員同志們更堅定了完成一架飛機捐獻任務的信心，一致堅決表示要為完成這一光榮的捐獻任務而奮鬥。

「香玉劇社」可能在十一月初旬來武漢市作捐獻演出。該社全體同志熱愛祖國和堅決貫徹愛國公約的執行、有計劃的進行捐獻演出的行動，是值得戲曲界的同志們學習的。（立）

1951 年 10 月 23 日，《戏剧新报》报道的常香玉率领香玉剧社来汉口前捐献义演收入消息。

1951 年 11 月至 12 月上旬，香玉剧社在武汉为捐款“香玉剧社号”战斗机义演《花木兰》。图为第二场“机房”剧照，常香玉饰花木兰。

1951 年，香玉剧社全体人员在汉口义演时合影。

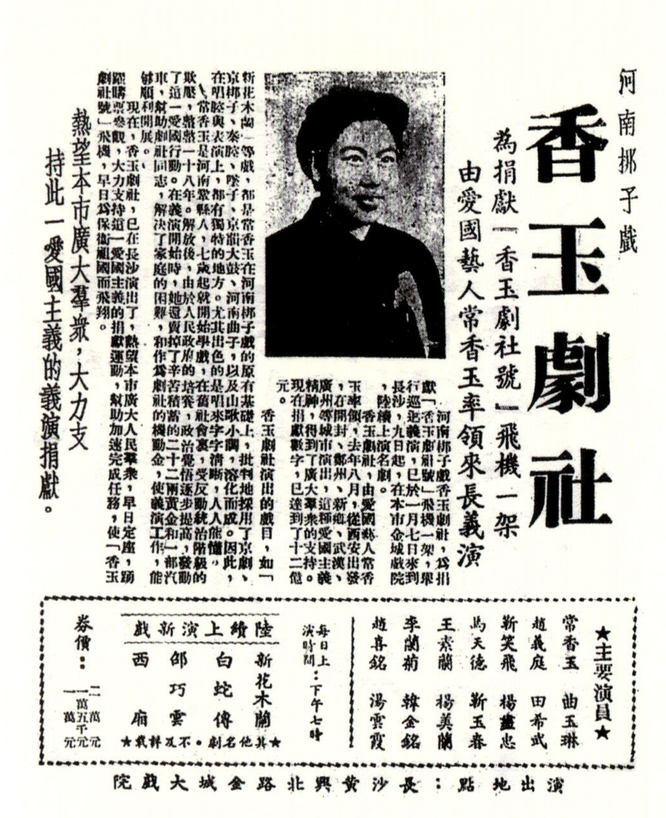

河南梆子戲

香玉劇社

為捐獻「香玉劇社號」飛機一架

由愛國藝人常香玉率領來長義演

熱望本市廣大羣衆，大力支持此一愛國主義的義演捐獻。

★主要演員★

常香玉　曲玉琳
趙義庭　田希武
新笑飛　楊蘊忠
馬天德　新玉春
王素蘭　楊美蘭
李蘭莉　韓金銘
趙喜銘　湯雲霞

每日上演時間：下午七時

陸續上演新戲

新花木蘭　白蛇傳　郎巧雲　西廂

★其他名劇不及詳載★

券價：二萬元 一萬五千元 一萬元

演出地點：長沙黃興北路金城大戲院

《新湖南报》报道的常香玉率领香玉剧社来长沙义演的消息。

1952年，在长沙义演《花木兰》，常香玉饰花木兰剧照。

大公報

愛國常香玉和「香玉劇社」號戰鬥機

大公園

—犁—

1951年11月24日，香港《大公报》刊登的常香玉和“香玉剧社号”战斗机事迹。

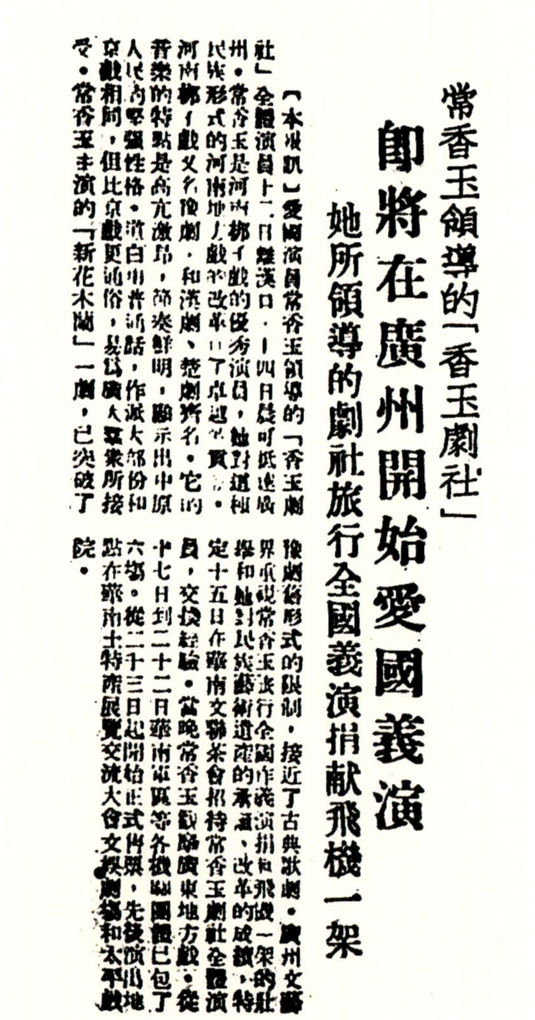

常香玉領導的「香玉劇社」

即將在廣州開始愛國義演

她所領導的劇社旅行全國義演捐獻飛機一架

【本報訊】愛國演員常香玉領導的「香玉劇社」全體演員十二日離漢口，十四日晨可抵達廣州。常香玉是河南梆子戲的優秀演員，她對這種民族形式的河南地方戲在改革上了卓越的貢獻。河南梆子戲又名豫劇，和漢劇、楚劇齊名。它的音樂的特點是高亢激昂，節奏鮮明，顯示出中原人民的堅強性格。道白用普通話，作派大部份和京戲相同，但比京戲更通俗，易為廣大群眾所接受。常香玉主演的「新花木蘭」一劇，已突破了豫劇舊形式的限制，接近了古典歌劇。廣州文藝界重視常香玉旅行全國作義演捐獻飛機一架的壯舉和她對民族藝術遺產的承繼、改革的成績，特定十五日在華南文聯茶會招待常香玉劇社全體演員，交換經驗。當晚常香玉觀看廣東地方戲。從十七日到二十二日華南軍區等各機關團體已包了六場。從二十三日起開始正式售票，先後演出地點在華南土特產展覽交流大會文娛劇場和太平戲院。

1951年12月，《河南日报》报道的常香玉率领香玉剧社将赴广州开始义演的消息。

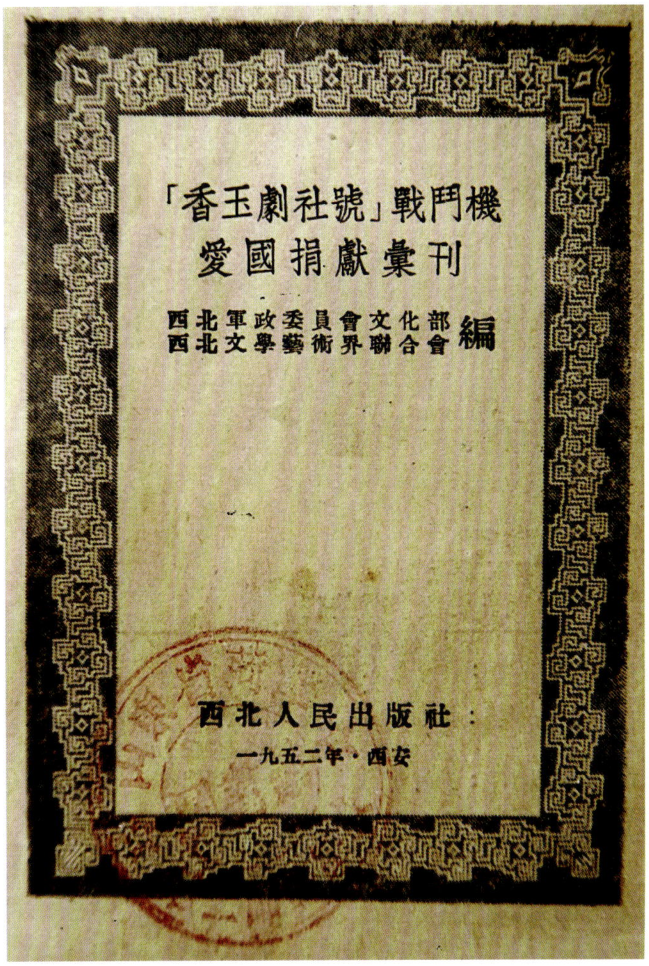

1952 年，由西北军政委员会文化部和西北文学艺术界联合会编的《“香玉剧社号”战斗机爱国捐献汇刊》一书的封面和内封。

1952 年，西北军政委员会文化部和西北文学艺术界联合会在西安举行庆祝捐献“香玉剧社号”战斗机胜利完成任务颁奖大会。

1952年，人民美术出版社出版的第15期《连环画》。短短的六幅连环画，展示了常香玉在新旧社会迥然不同的遭遇。

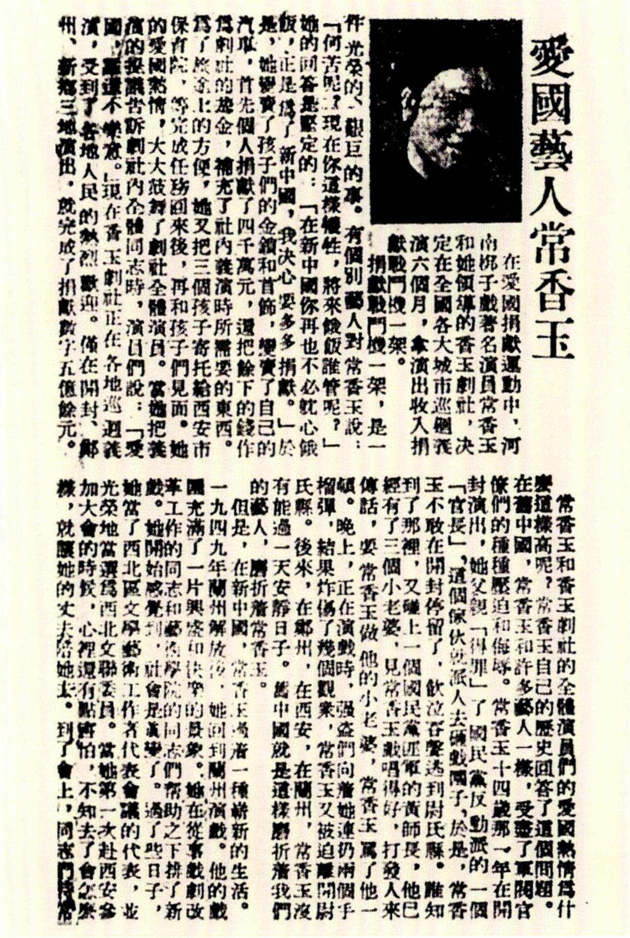

愛國藝人常香玉

在愛國捐獻運動中，河南梆子戲著名演員常香玉和她領導的香玉劇社，決定在全國各大城市巡迴義演六個月，拿演出收入捐獻戰鬥機一架。

捐獻戰鬥機一架，是一件光榮的、艱巨的事。有個別藝人對常香玉說：「何苦呢？現在你這樣犧牲，將來餓飯誰管呢？」她的回答是堅定的：「在新中國你再也不必耽心餓飯，正是爲了新中國，我決心要多多捐獻。」於是，她變賣了孩子們的金鐲和首飾，變賣了自己的汽車，首先個人捐獻了四千萬元，還把餘下的錢作爲劇社的基金，補充了社內義演時所需要的東西。爲了旅途上的方便，她又把三個孩子寄托給西安市保育院，等完成任務回來後，再和孩子們見面。她的愛國熱情，大大鼓舞了劇社全體演員。當她把義演的意義告訴劇社內全體同志時，演員們說：「愛國，誰還不樂意。」現在香玉劇社正在各地巡迴義演，受到了各地人民的熱烈歡迎。僅在開封、鄭州、新鄉三地演出，就完成了捐獻數字五億餘元。

常香玉和香玉劇社的全體演員們的愛國熱情爲什麼這樣高呢？常香玉自己的歷史回答了這個問題。在舊中國，常香玉和許多藝人一樣，受盡了軍閥官僚們的種種壓迫和侮辱。常香玉十四歲那一年在開封演出，她父親「得罪」了國民黨反動派的一個「官長」，這個傢伙就派人去砸戲園子，於是，常香玉不敢在開封停留了，飲泣吞聲逃到尉氏縣。誰知到了那裡，又碰上一個國民黨匪軍的黃師長，他已經有了三個小老婆，見常香玉戲唱得好，打發人來傳話，要常香玉做他的小老婆，常香玉罵了他一頓。晚上，正在演戲時，強盜們向着她連扔兩個手榴彈，結果炸傷了幾個觀衆，常香玉又被迫離開尉氏縣。後來，在鄭州，在西安，在蘭州，常香玉沒有能過一天安靜日子。舊中國就是這樣磨折着我們的藝人，磨折着常香玉。

但是，在新中國，常香玉過着一種嶄新的生活。一九四九年蘭州解放後，她回到蘭州演戲。他的戲園充滿了一片興奮和快樂的景象。她在從事戲劇改革工作的同志和藝術學院的同志們幫助之下排了新戲。她開始感覺到，社會是真變了。過了些日子，她當了西北區文學藝術工作者代表會議的代表，並光榮地當選爲西北文聯委員。當她第一次赴西安參加大會的時候，心裡還有點害怕，不知去了會怎麼樣，就讓她的丈夫陪她去。到了會上，同志們待常

爱国艺人常香玉

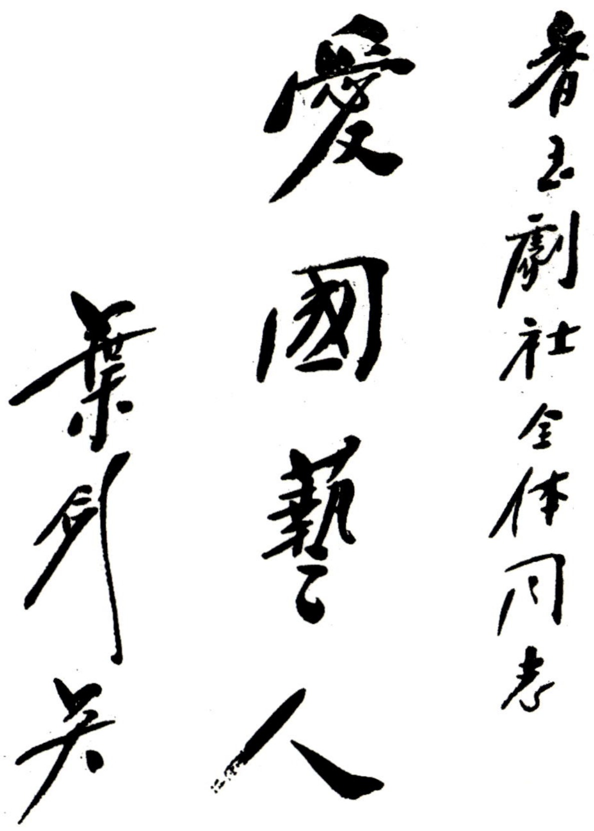

1952 年元月，叶剑英在广州为常香玉和香玉剧社题词。

1951 年，常香玉演出《如姬窃符》剧照。

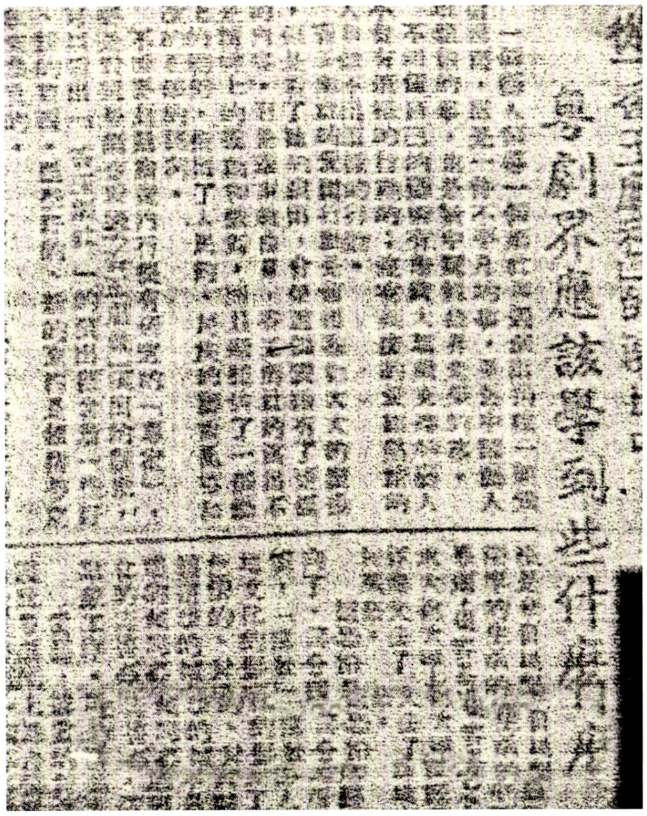

粵劇界應該學到些什麼

香玉剧社应叶剑英邀请前往广州义演，其间一位印度尼西亚华侨听说常香玉为向国家捐献一架战斗机而不辞辛苦巡回演出时，深受感动，当即捐出了个人的一块珍贵手表，当场拍卖。

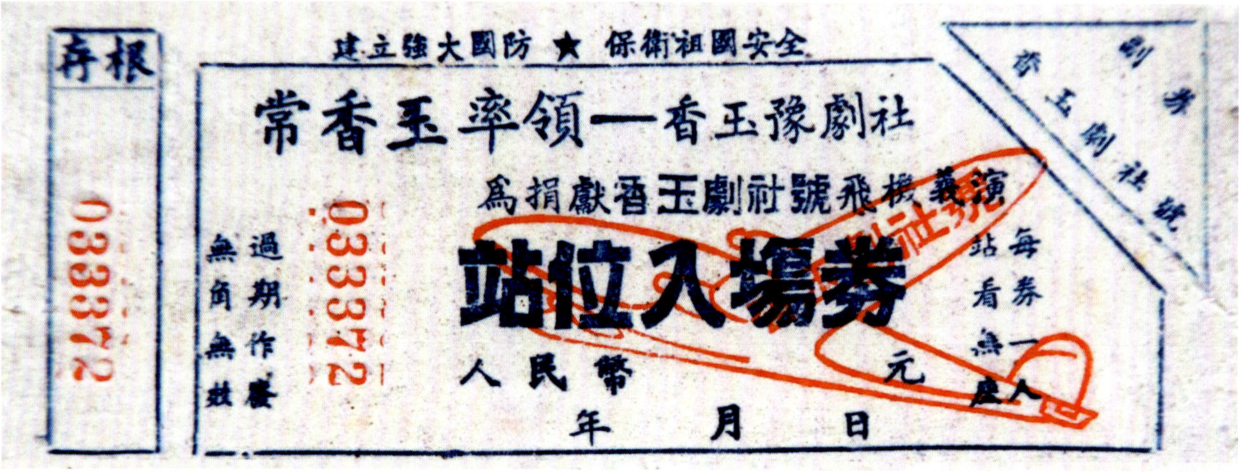

1951 年，捐献“香玉剧社号”战斗机义演的入场券。

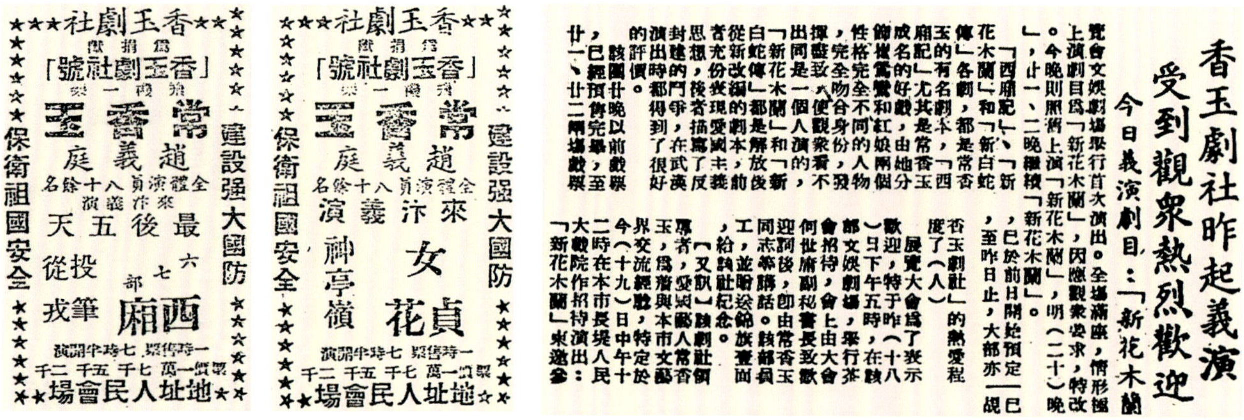

香玉劇社
爲捐獻
「香玉劇社號」
飛機一架
常香玉
趙義庭
全體演員八十餘名
來汴義演
最後五天
六七部
西廂
投筆從戎
一時售票 七時半開演
票價一萬 七千 五千 二千
地址人民會場
建設强大國防
保衛祖國安全

香玉劇社
爲捐獻
「香玉劇社號」
飛機一架
常香玉
趙義庭
全體演員八十餘名
來汴義演
女貞花
神亭嶺
一時售票 七時半開演
票價一萬 七千 五千 二千
地址人民會場
建設强大國防
保衛祖國安全

香玉劇社昨起義演
受到觀衆熱烈歡迎
今日義演劇目：「新花木蘭」

覽會文娛劇場舉行首次演出。全場滿座，情形極上演劇目爲「新花木蘭」，因應觀衆要求，特改。今晚則照將上演「新花木蘭」，明（二十）晚」，廿一、二晚繼續「新花木蘭」。

「西廂記」、「新花木蘭」和「新白蛇傳」各劇，都是常香玉的有名劇本，「西廂記」尤其是常香玉成名的好戲，由她分飾崔鶯鶯和紅娘兩個性格完全不同的人物，完全吻合身份，發揮盡致，使觀衆看不出同是一個人演的。「新花木蘭」和「新白蛇傳」都是解放後從新改編的劇本，前者充份表現愛國主義思想，後者描寫了反封建的鬥爭，在武漢演出時，都得到了很好的評價。該團廿晚以前戲票，已經預售完畢，至廿一、廿二兩場戲票，已於前日開始預定一已，至昨日止，大部亦一覘

香玉劇社」的熱愛程度了（人）展覽大會爲了表示歡迎，特于昨（十八）日下午五時，在該部文娛劇場，舉行茶會招待，會上由大會何世牖副秘書長致歡迎詞後，即由常香玉同志華講話。該部員工，並盼送錦旗壹面，給該社紀念。

【又訊】陳劇社個專者，愛剛部人常香玉，爲齊與本市文藝界交流經聯，特定於今（十九）日中午十二時在本市長堤人民大戲院作招待演出：「新花木蘭」來邀參

1951 年 12 月 19 日，广州《新南晚报》报道的常香玉率领香玉剧社在广州义演受到热烈欢迎的消息。

1951 年，常香玉演出的《花木兰》剧照。

1953 年，常香玉在朝鲜。

在战火硝烟中演出

炮声隆隆唱英雄。常香玉捐献飞机后，有一个心愿，就是亲自到朝鲜战场上去，为浴血奋战的中国人民志愿军慰问演出，用自己的歌声，表达祖国人民对最可爱的人的关怀。请求被政府批准后，常香玉带着香玉剧社参加中国人民赴朝慰问文工团第五团，雄赳赳气昂昂跨过鸭绿江，进入硝烟炮火的朝鲜战场。不分昼夜，不怕牺牲，在礼堂里、在坑道里、在阵地上、在公路边、在厨房里、在病房里，她不停地演，不停地唱。给几百个战士唱，给一个战士也唱。枪林弹雨5个月，常香玉演出200多场，给志愿军以极大的鼓舞。常香玉经历了战火的洗礼，像进入一所大学，受到了很大教育。她从来没见过这么多的英雄观众，热烈的场面，真挚的欢呼，美丽的花朵，这是她20多年舞台生活中最大的光荣，也是她一生最值得纪念的一件大事情。

1953年，常香玉为志愿军空军指战员慰问演出。

1953 年，常香玉在朝鲜和志愿军六十三军一八八师政委李真（右一）及师领导合影。

常香玉接受志愿军六十三军一八七师赠送的锦旗

1953 年 8 月，在朝鲜开城前线的战士们欢迎香玉剧社的到来。

1953 年，常香玉（前右）在朝鲜和志愿军领导、战士步行途中。

志愿军六十五军王道邦军长陪同常香玉等人参观坑道

常香玉在朝鲜与人民军军官握手

1953年，常香玉把因捐献一架喷气式战斗机而荣获的纪念章赠给六十五军一等功臣徐申同志。

1953年，常香玉在朝鲜板门店演唱。（左为王冠君）

志愿军战士把自己制作的胡琴等送给常香玉

慰问文工团第五分团于 1953 年 5 月 26 日到六十五军进行演出，图为到达驻地时常香玉与战士握手。

1953 年，常香玉（二排左三）在朝鲜与志愿军合影。

西北慰问文工团在开城慰问志愿军，常香玉在慰问会上讲话。

1953 年，常香玉到中国人民志愿军战地医院慰问。

1953 年 8 月 26 日，慰问文工团离开朝鲜回国到达沈阳后，常香玉率领第五分团到志愿军部队某野战机场时受到广大指战员的热烈欢迎。

常香玉等到老秃山慰问作战部队

1953 年，常香玉带领香玉剧社全体人员赴朝鲜慰问时，在战场合影留念。

1953 年，常香玉（右二）与六十三军一八七师战斗英雄刘光子等合影。

1953 年 9 月，慰问文工团第五分团在副团长常香玉率领下来到志愿军空军部队某野战机场，受到广大指战员的热情欢迎。

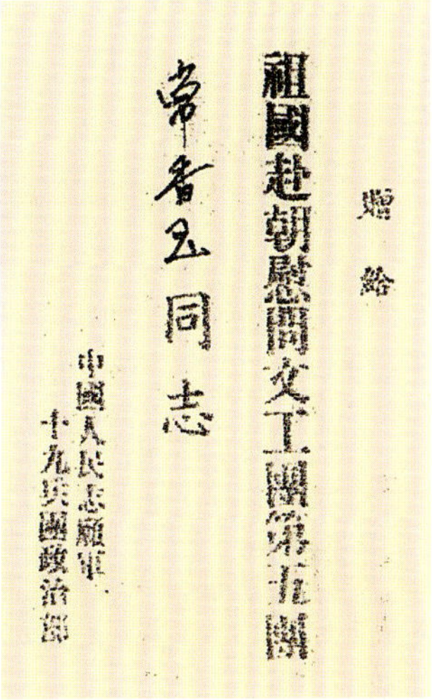

1953 年，中国人民志愿军政治部赠给常香玉的纪念品。

1953 年，常香玉率团赴朝鲜慰问演出时，志愿军第六十五军赠给每位演职员一个慰问袋。

1953 年，常香玉率团赴朝鲜慰问演出期间获得的纪念品。

1953 年 9 月，常香玉和空军战斗英雄"香玉剧社号"战斗机驾驶员韩得彩等人在一起。

1953 年 9 月，常香玉给空军战斗英雄"香玉剧社号"战斗机驾驶员韩得彩（右）献花签字。

空军部队指战员感谢祖国人民的关怀并答谢常香玉同志捐赠飞机的爱国热忱，空军部队特赠给文工团和常香玉本人喷气式战斗机模型各一个。

常香玉在中国人民志愿军沈阳空军基地慰问演出时，展示部队赠送的战斗机模型。

常香玉接受志愿军四十七军一四一师赠送的锦旗

1953年初春时节，志愿军四十七军一四一师，刚从美军称谓的“汉城门户”老秃山与敌军浴血奋战五天五夜，打退了敌人无数次进攻，战斗胜利后刚撤下阵地准备休整时，艺术家常香玉率领的祖国人民赴朝慰问团就来到了我们师，在仙女洞驻地进行慰问演出。演出前，我和另一位战友邹齐受师首长的委派，代表全师指战员，向豫剧艺术家常香玉敬献锦旗。锦旗正中书写着“祖国艺术之光”六个大字，右上方：献给祖国慰问文工团，左下方：中国人民志愿军第一四一师全体指战员赠。站在常香玉左边的是时任解放军总政治部文化部部长陈沂。献旗后，常香玉为部队演出了她的经典豫剧《花木兰》，受到全体指战员的热烈欢迎。

叶彦（执笔） 邹齐

常香玉在机场演出豫剧《花木兰》。

常派艺术　永葆青春

常香玉是常派艺术的创始人，是豫剧的旗帜性人物和领军人物。她所创立的常派艺术，为豫剧的繁荣和发展做出了卓越贡献。1938年，常香玉经过开封成名期以后，在20世纪40年代进入了艺术上的成熟期，鲜明独特的个人风格已经定型，拥有了数以万计的观众群。经过20多年的舞台实践，110多个剧目的艺术积累，在继承的基础上进行创新，在吸收借鉴中进行融化，以20世纪50年代《红娘》《白蛇传》《花木兰》三大名剧的出现为标志，形成了独树一帜的常派艺术，创立了常派艺术表演体系。随着《破洪州》《大祭桩》《五世请缨》等剧的走红，常香玉进入了她的艺术顶峰期。从此，常派拥有了10多个常演不衰的优秀剧目，一系列鲜明生动的艺术形象，在群众中广为传唱的优秀唱段，文化底蕴深厚的创作群体，一代代的优秀杰出传人，具有了永葆青春的实力。在常香玉心中，艺无止境，她仍不断探索，积极进取。20世纪60年代以后为常派艺术的全面展示期，大演现代戏，攀登新高峰，《朝阳沟》《李双双》《人欢马叫》《红灯记》《柳河湾》等在豫剧舞台上闪闪发光，为全面展示常派艺术增添了清新优美的一道风景线。

1956年，常香玉在戏曲电影《花木兰》"机房"一场中饰花木兰，决定女扮男装，代父从军剧照。马天德饰花父，汤兰香饰花母。

1956年，常香玉在戏曲电影《花木兰》"机房"一场中饰演花木兰，花木兰看军帖剧照。

1956年，常香玉在戏曲电影《花木兰》"机房"一场中饰演花木兰，和爹爹比武剧照。

常香玉演出的《花木兰》剧照。

一块常香的玉

王怀让

你像小红娘一样年龄的时候，
就在当时的省城开封把红娘唱红了，
唱红了报纸的版面和杂志的封面，
唱红了大街的曙光和小巷的夕阳，
唱进了许多人家的留声机，
这留声机至今还留着那惹人喜欢的少女的歌唱……

你穿着一身洁白的衣裳，
那洁白给人们创造了一个洁白的形象，
《断桥》，断不了人间真正的爱情，
雷峰塔下一种叫作坚贞的东西在顽强地生长，
一把雨伞挡住了世俗的风雨，
一声“恨上来”，几十年延绵不绝余音绕梁……

忽然有一天，你变换了行头，脱了红装，剪去云鬓，
摘下花黄，
马背上驮着你的英勇、你的英气、你的英姿飒爽，
谁曾想沙场上的花将军却原来是花家的女郎。
你有一句名言：“刘大哥讲话理太偏”，
名言会飞，全中国的歌喉都是它的翅膀……

就是花将军的那一匹美丽的赤兔，
从沙场归来又上了另一个沙场，
朝饮黄河之水，暮宿珠江之浪，
把歌声变成金属，把金属变成飞翔，
美丽的赤兔啊，你驮着一架飞机飞到三八线上，
用“快板”和“垛子”的炸弹去保卫和平的春光……

在和平的春光里你用歌声耕耘，
耕耘黄河两岸的土地，
耕耘人们心灵的土壤，
你一脸春风牵着《人欢马叫》，
你在《朝阳沟》一锄一锄地播种思想，
你挽着《李双双》的手割谷摘棉，
你用脚印在《柳河湾》写下锦绣文章……

最是拴宝娘那灿烂的笑容，
你摊开的手让毛泽东合上了手掌，
不知是《破洪州》那个“破”字让毛泽东破例呢，
还是你的那个“常”字让毛泽东常看常新呢，
他在北京看了又来郑州听，
看你的风一般的“急急风”，听你的流水一般“流水”
荡漾……
你是黄河和嵩山打磨出来的玉，一块常香的玉，玉
的光泽和芬芳，
你说戏比天大，人民说你比戏大，
你是一出比所有的戏都大的戏，
演绎着艺术的人和人的艺术的灿烂辉煌……

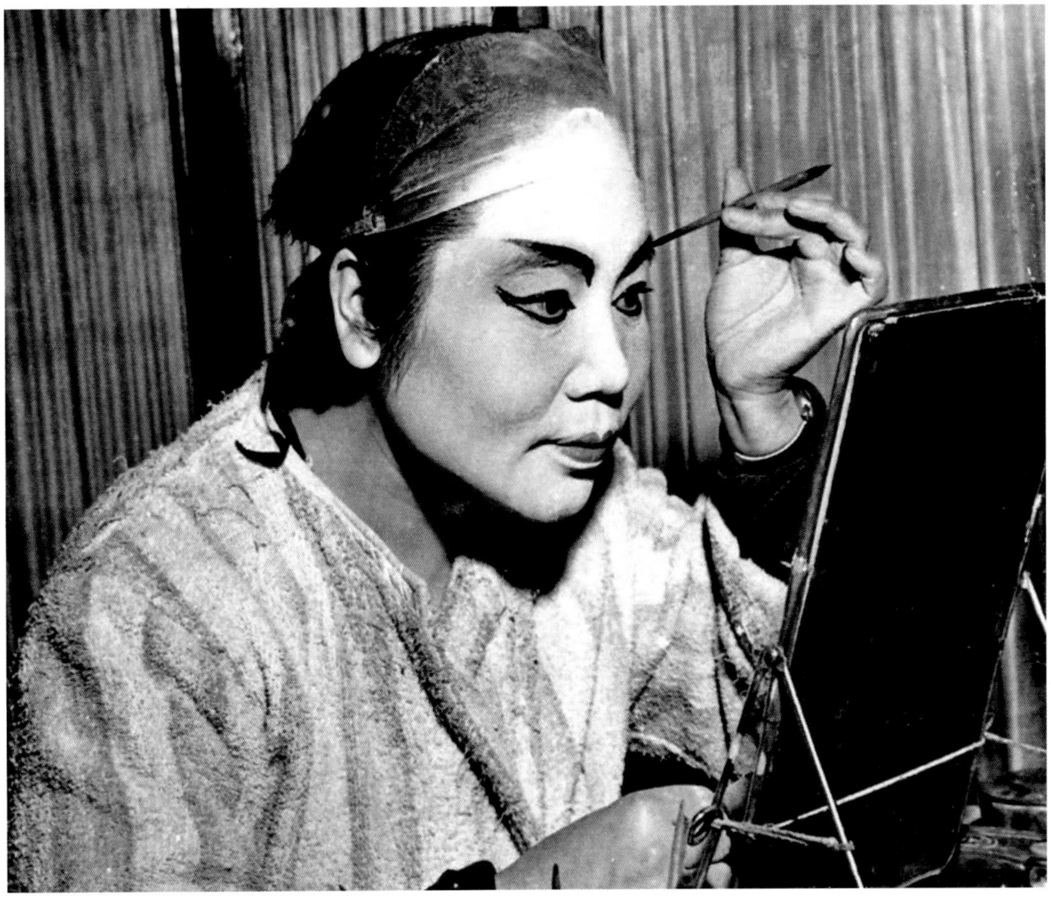

20 世纪 60 年代，常香玉在演出前化妆。

1956 年，常香玉在戏曲电影《花木兰》“征途”一场饰演花木兰剧照。

1956年，常香玉在戏曲电影《花木兰》“机房”一场中饰演花木兰剧照。

1956年，常香玉在戏曲电影《花木兰》“荣归”一场中饰演花木兰，“对镜贴花黄”的剧照。

1957年，常香玉在内蒙古呼和浩特演出《拷红》，扮演红娘剧照。

1957年，常香玉（左）演出《拷红》扮演红娘，闫玉佩扮演崔夫人。

常香玉在《大祭桩》中扮演黄桂英剧照。

1957 年，常香玉演出《大祭桩》，扮演黄桂英剧照。

1957 年，常香玉（左）在《大祭桩》“打路”一场中扮演黄桂英。

1957 年，常香玉演出现代戏《擦亮你的眼》剧照。

1957 年，常香玉（左一）主演现代戏《漳河湾》剧照。

1957 年，常香玉主演现代戏《漳河湾》剧照。

遵照毛泽东的推荐，常香玉率团赴京为中华人民共和国成立 10 周年演出《破洪州》，国务院赠送的纪念章。

常香玉赴朝鲜慰问演出纪念章

1959 年，常香玉（左）、李兰菊（中）、马兰香（右）演出的《拷红》。

艺事杂谈一百句

常香玉

学艺要有志气，
目标又红又专。
听从党的领导，
就能愚公移山。
严格要求自己，
博学戏路才宽。
不要好高骛远，
艺高始自平凡。
黎明练功练唱，
莫嫌条件艰难。
要想打好基础，
必须勤学苦练。
思想业务并重，
红专才能接班。

青年稍露头角，
难过家庭三关。
恋爱结婚生育，
拖累多少演员。
立业先于成家，
勿贪虚荣吃穿。

中年艺术成型，
最怕停步不前。
切忌骄傲自大，
当知艺海无边。
虚心学人之长，
才能补己之短。
老年体力虽差，
贵在心红志坚。
时代飞速发展，
最忌守缺抱残。
教学才能相长，
力争多做贡献。

党有双百方针，
无比优越条件。
遇到艰难挫折，
定要立志攻关。
人才不会埋没，
机会常在身边。

剧目首重思想，
艺术贵有创见。
要出时代之新，
继承为了发展。
服务四化建设，
鼓舞人民向前。

演出准备要细，
熟是先决条件。
一招一式一腔，
均有内心根源。
服装化妆道具，
亲自试试看看。
衣食住行午睡，
都要安排妥善。
提前进入角色，
精力切勿分散。

演员要爱嗓子，
保护加上锻炼。
最好不用烟酒，
切忌大怒狂欢。
一人一面一嗓，
练声结合条件。
做到曲不离口，
放假也不偷闲。

演出受到称赞，
更要谦虚检点。
莫为掌声陶醉，
当知天外有天。
不少骄傲演员，
常常昙花一现。

演出也有失败，
首先不要悲观。
台上好看好听，
台下千遍万遍。
俗话熟能生巧，
确实千古名言。

舞台综合艺术，
个人只是一员。
善与战友合作，
尊重别人贡献。
多少艺坛明星，
群众汗水浇灌。

文艺道路坎坷，
从无坦途阳关。
纵有千摧万折，
坚信党的路线。
留得青山常在，
免得望洋兴叹。

永葆青春艺术，
学练二字当先。
月月容易做到，
岁岁坚持最难。
借鉴古今中外，
切莫生套硬搬。
无论唱做念打，
都需感情贯穿。
细心学习生活，
继承前辈优点。
加上勇于创新，
方能技艺精湛。
险峰风光无限，
苦战定能登攀。

1964 年，常香玉在现代戏《朝阳沟》中饰拴宝娘剧照。

1964 年，常香玉在大庆演出现代戏《朝阳沟》中饰拴宝娘剧照，常小玉（左）饰银环。

1964 年，常香玉（左三）在河南豫剧院一团演出的现代戏《朝阳沟》中饰拴宝娘。

1964 年，常香玉在现代戏《朝阳沟》中饰拴宝娘，魏云（右）饰银环。

1964 年，常香玉在现代戏《朝阳沟》中饰拴宝娘剧照。

1964 年，常香玉在现代戏《朝阳沟》中饰拴宝娘（右一）。

1964 年，常香玉演出现代戏《李双双》剧照。

1964 年，常香玉演出现代戏《李双双》饰李双双，高兴旺饰孙喜旺。

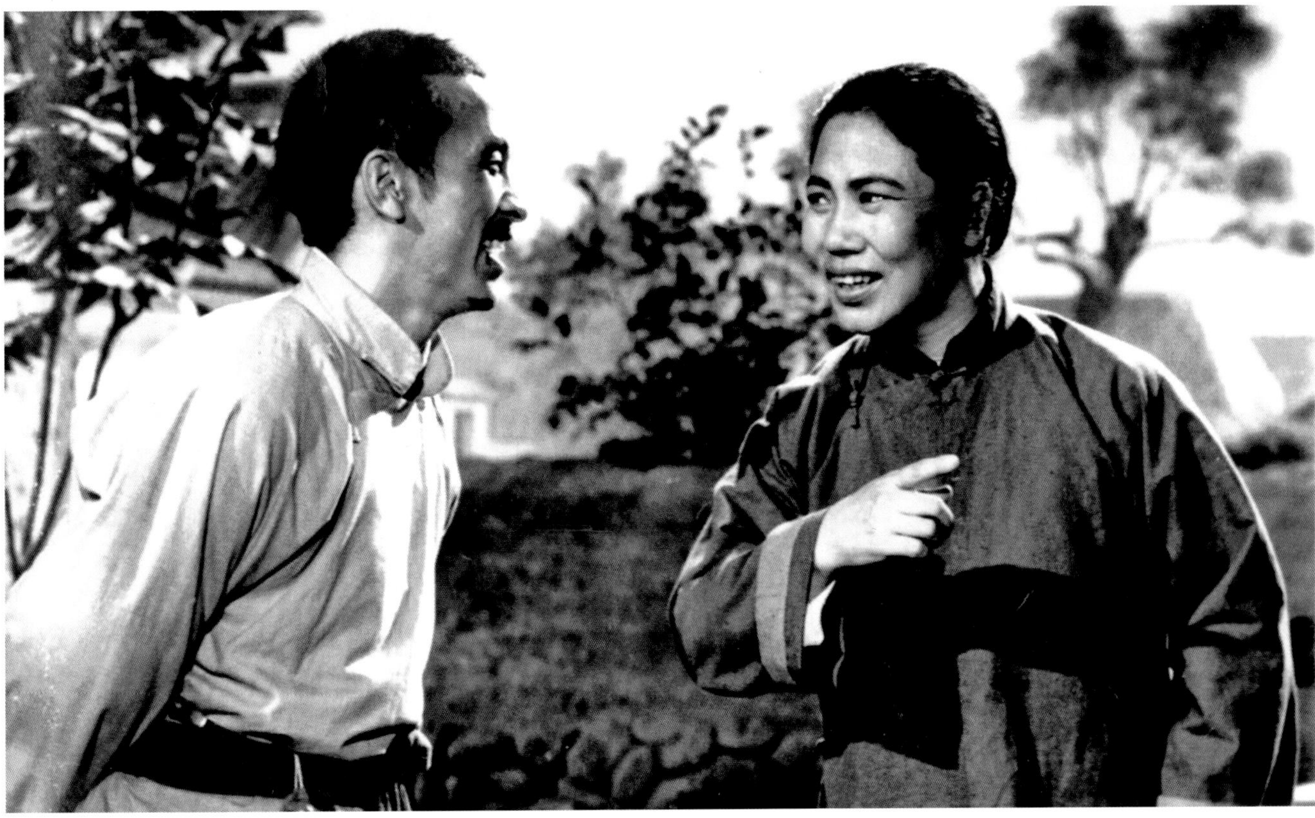

1965 年，常香玉带领河南豫剧团在西安电影制片厂拍摄戏曲电影《人欢马叫》，常香玉饰吴大娘，任宏恩饰刘自得。

常香玉与王蒙及几位老艺术家再度相逢，举杯祝贺。（右一红线女、右二常香玉、右三陈伯华、右四尹羲、左二王蒙）

1978 年，常香玉主演现代戏《于无声处》，饰梅林。

1980 年，常香玉演出《断桥》，饰白素贞剧照。

1980 年，常香玉演出《断桥》饰白素贞，马兰香（右）饰青儿，赵义庭（左）饰许仙。

1982 年 2 月，常香玉在北京演出《柳河湾》扮演郭大脚的剧照。

艺术交流 广学博采

艺术本身是一个开放体系，大凡有成就的艺术家都非常重视艺术交流，艺术的创新和进取得益于交流。常香玉艺术交流很广泛，不拘一格，善于接触众多艺术门类，参加各种艺术研讨、学习、座谈会。她努力学习理论，积极发言，提升自己的艺术素养，虚心向老中青同行学习，借鉴吸纳姊妹艺术、兄弟剧种及少数民族的艺术优长。从剧目、表演到音乐、唱腔等，孜孜不倦，博采众长，海纳百川，她把学得的东西进行熔解点化，丰满了常派艺术。

1956 年 11 月 7 日，常香玉（前排左三）在上海参加了庆祝苏联十月革命胜利 39 周年活动，与袁雪芬（前排左四）等艺术家在上海大厦前合影。

1956 年，常香玉（中）在上海演出后与上海文化戏剧界人士合影。

1960 年，常香玉（左三）在北京戏剧讲习班学习时与艺术家们认真研讨艺术理论。

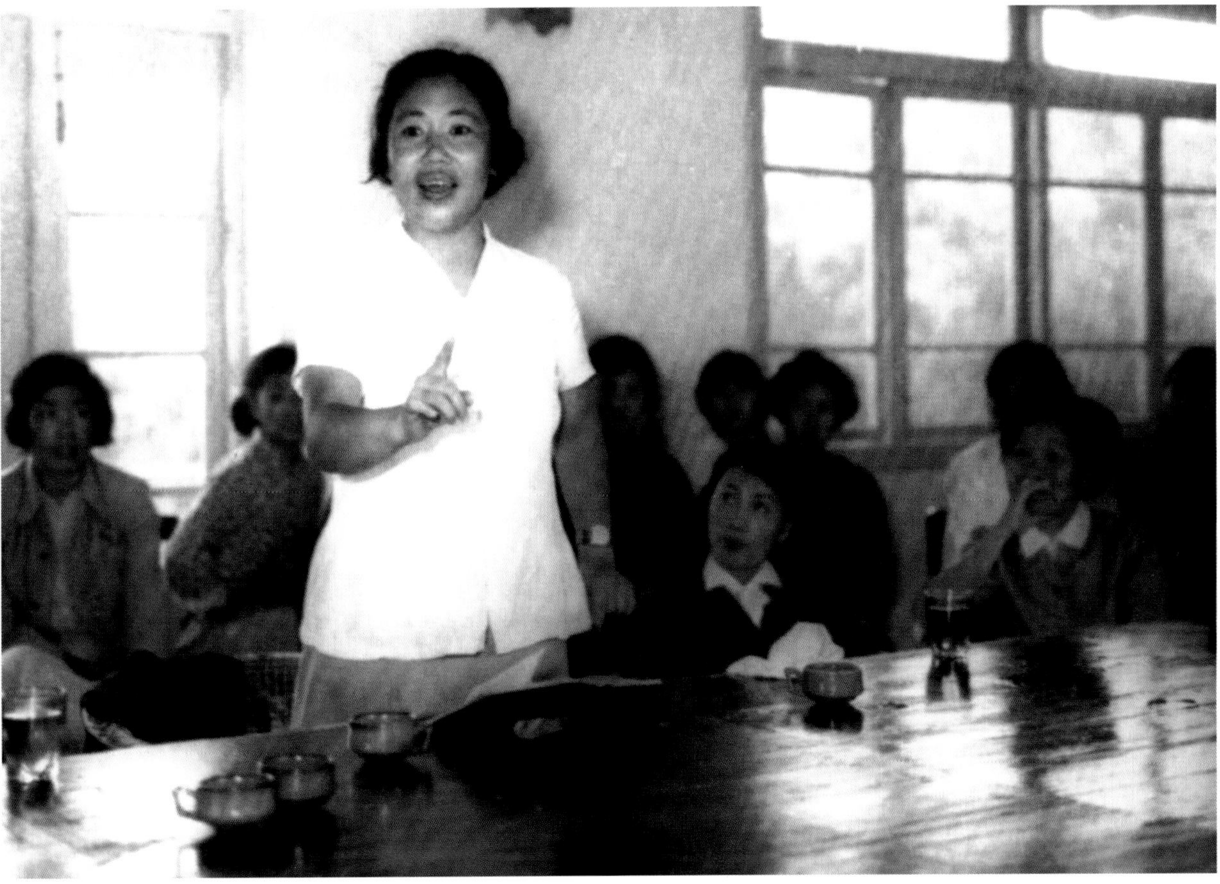

1964 年，常香玉（中）在广州举行的中南五省现代戏汇演座谈会上演唱。

常香玉（右四）和同行们探讨表演艺术，左三为魏云，左二为高洁。

在 1991 年河南省春节戏曲晚会上，常香玉（前排左四）与河南省委原副书记宋照肃（中排右六），河南省委原副书记韩劲草（中排右四），河南省委原常委、宣传部长张文彬（中排左四），河南省人大原副主任张德广（中排右二）等领导同志和演职员合影。

1961 年 11 月，河南豫剧院常香玉（前排左二）与正阳县豫剧团的老艺人合影。

1983 年 5 月 5 日，常香玉（二排左六）与某县剧团全体演职员在郑州合影。

1984 年 3 月，朱穆之（二排右十）、周巍峙（二排左七）等接见常香玉（二排左九）和《金鸡引凤》演出人员。

戏比天大 艺无止境

十年磨一戏，艺无止境。常香玉的精品意识特强，追求一生。她始终遵循着熟戏新演、常演常新的思想。对于排演的剧目，大到剧本关目、情节、结构，小到行腔、字韵、动作，都要高标准严要求，与创作人员反复体味剧情，切磋艺术处理。即使有些戏已是家喻户晓，她还是不断加工提高，改革创新。她总是要求大家全身心投入演戏，任何情绪都不能带到台上。她自己也是身体力行，虽已是艺术大师，年事高迈，但仍苦练基本功，严冬酷暑，坚持不辍，锲而不舍，铄石成金。正是这种艺无止境、精益求精的思想与精神，营造了她众多的经典之作，巅峰迭起，灿烂辉煌。

常香玉演出的《拷红》剧照。

1954年，常香玉在北京参加第一届全国人民代表大会时留影。

1962 年 11 月，常香玉在“豫剧各流派名老艺人清唱音乐会”上演唱。

常香玉（右）和崔兰田在一起。

1964 年 7 月，常香玉在广州举行的中南五省现代戏汇演大会上发言。

常香玉在家中练功。

1959 年 5 月，常香玉在北京住院期间，仍坚持练功。

夏练三伏，冬练三九，常香玉在家院中也勤练基本功。

■ 第三部分

阳光雨露

常香玉是中国共产党和社会主义新中国一手关心扶持、培养教育出来的爱国艺人、人民艺术家和优秀共产党员。她出身寒门，饱受苦难，自13岁成名，直至誉满西北，反动军警和社会黑暗势力对她的迫害和摧残极为严重，她虽然不断抗争，却无力改变她被侮辱与被损害的地位。新中国成立前的15年，她是在血泪凝成的日子里度过的。新中国成立后，她在政治上翻了身，成了新中国主人，生活在幸福的环境中，艺术上进入了新的广阔天地。她热爱共产党，热爱新中国，努力提高政治觉悟，努力学习文化知识，积极为新中国服务，为人民服务。先后当选为西北妇联执行委员，西北文联委员，第一、二、三、五、六、七届全国人代会代表，全国妇联执行委员，中国文联主席团委员，中国剧协副主席等各种行政、社会职务等，毛泽东、刘少奇、周恩来、朱德、邓小平、彭德怀、习仲勋等党和国家领导人，及党和政府的各级领导都不断观看她的演出，给予大力支持、鼓励和指导，使她受到了极大的鼓舞。常香玉一再说“感谢党”“感谢祖国”“感谢人民”，这是她的肺腑之言。党的阳光雨露，滋润了常香玉，也滋润了常派艺术。这是常香玉之所以能成为人民艺术家，艺术上能取得辉煌成就力量的源泉。

1950年，常香玉在西安参加西北妇代会并发言。

1954年，第一届全国人民代表大会在北京召开，党和国家领导人毛泽东、朱德、刘少奇、周恩来、宋庆龄、李济深、张澜、林伯渠等接见人大代表。（第二排左四为常香玉）

1954 年，常香玉在北京参加第一届全国人民代表大会时留影。

党的关怀

熬过寒冬的人，才知道春天的温暖；受过苦难的人，才懂得生活的幸福。中华人民共和国成立后，常香玉脱离了苦海深渊，翻身做了主人，过上了期盼已久的幸福生活。她感到无比幸福，无限自豪，无上荣光。作为一名党的文艺工作者，她要为社会主义文艺建设这个美丽的伟大工程，贡献出自己的全部力量，在伟大祖国的春天里，让自己的艺术之花，一朵朵地迎春怒放。毛泽东、刘少奇、朱德、周恩来、邓小平、彭德怀、习仲勋等党和国家领导人，亲切关怀着她这位人民艺术家，关心着她的常派艺术，几次看她的演出，称赞鼓励，这给常香玉带来了极大地鼓舞，她在当年西北局、在历届河南省委、省政府领导的培养教育和大力支持下，常派艺术之花，开得更加鲜艳，光彩夺目。党的领导和关怀，化为阳光和雨露，使常香玉的艺术梦想成真，使她在艺术的春天里纵情歌唱。

1954 年，常香玉（三排右二）在北京中南海怀仁堂召开的第一届全国人民代表大会上。

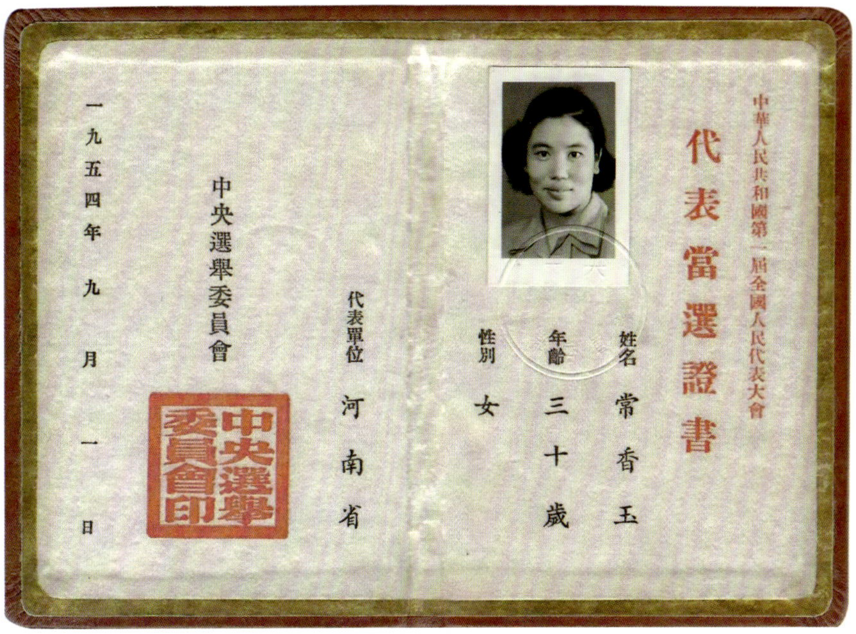
中華人民共和國第一屆全國人民代表大會
代表當選證書
姓名 常香玉
年齡 三十歲
性別 女
代表單位 河南省
中央選舉委員會
中央選舉委員會印
一九五四年九月一日

常香玉的中华人民共和国第一届全国人民代表大会代表当选证书

1960年，常香玉在北京参加全国人民代表大会期间在人民大会堂前留影。

1959 年，中共中央第二次郑州会议期间，常香玉主演《破洪州》，受到毛泽东的赞赏。（左为胡乔木）

1959 年，中共中央第二次郑州会议期间，毛泽东在河南省军区礼堂观看了由河南豫剧院一团常香玉主演的《破洪州》，常香玉饰穆桂英。毛泽东最欣赏的是穆桂英挂帅出征时唱的一段“传令”戏和穆桂英责打杨宗保的一段戏，先后两次鼓掌。演出结束后，毛泽东满面笑容地站起来鼓掌。

4 月 24 日，毛泽东致信周恩来，推荐《破洪州》来北京为人代会演出。国庆节时，常香玉在中南海怀仁堂演出《破洪州》，毛泽东再次观看演出，因有事离开，委托周恩来代表他看望大家，祝贺演出成功。

（图 1）

（图 2）

1959 年，常香玉在《破洪州》中扮演穆桂英。

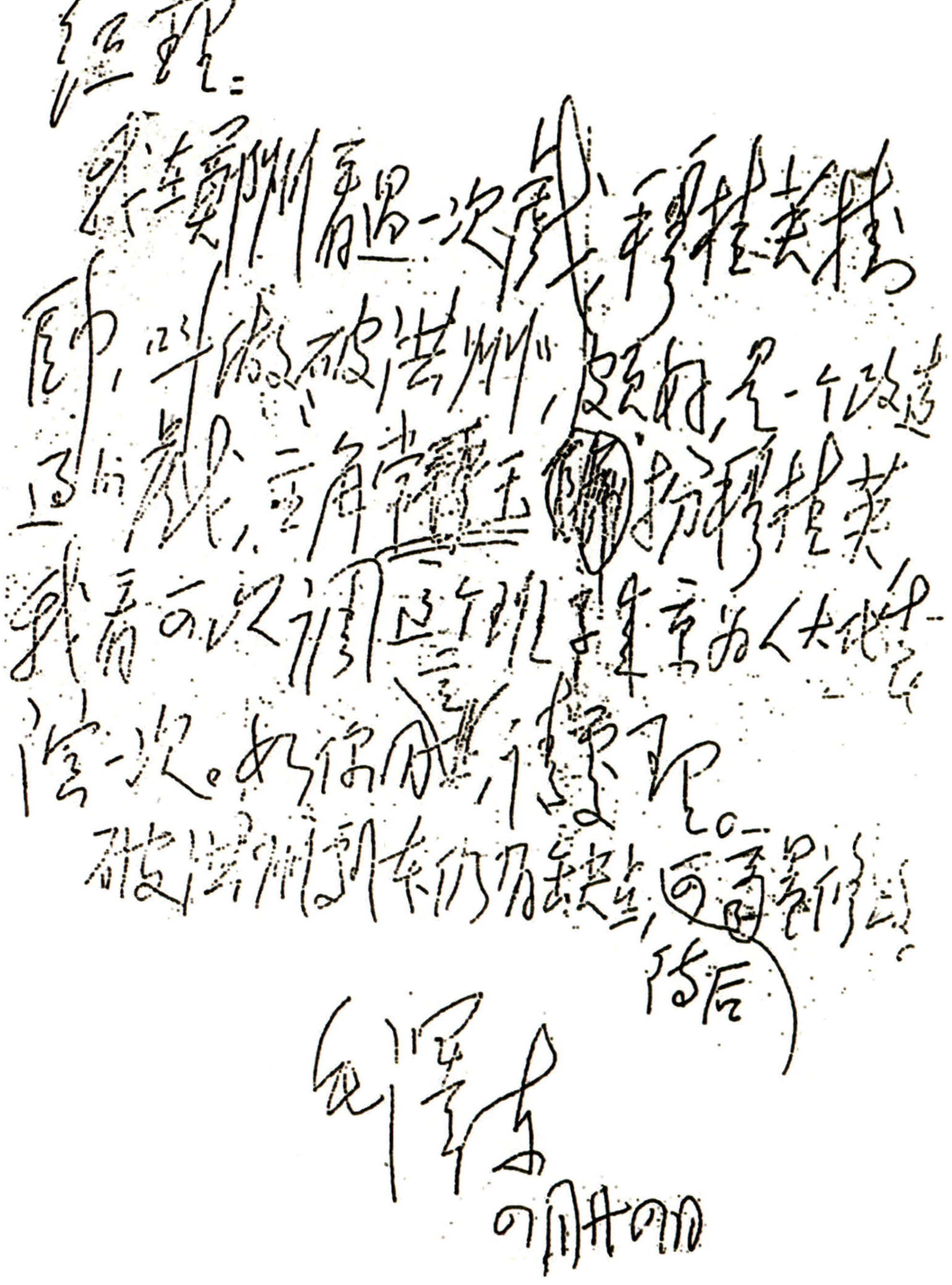
总理：
我在郑州看过一次戏，穆桂英挂帅，叫做破洪州，颇好，是一个改造过的戏，主角常香玉扮穆桂英。我看可以调这个班子来京为人大代表演一次。如你同意，请处理。
破洪州剧本仍有缺点，待后可商量修改。
毛泽东
四月廿四日

总理：

我在郑州看过一次戏，穆桂英挂帅，叫做《破洪州》，颇好，是一个改造过的戏，主角常香玉扮穆桂英。我看可以调这个班子来京为人大代表演一次。如你同意，请处理。

《破洪州》剧本仍有缺点，待后可商量修改。

毛泽东
四月二十四日

（原载《毛泽东书信选集》人民出版社 1983 年 12 月版，第 557 页）

1964年元旦，毛泽东在北京怀仁堂观看《朝阳沟》后，亲切接见常香玉和演出人员。

1964 年元旦，刘少奇、朱德在北京观看《朝阳沟》时亲切接见常香玉和演出人员。

彭真亲切接见常香玉。

1982年，习仲勋在北京观看河南豫剧团演出的现代戏《柳河湾》后，习老握住常香玉的手说："祝您演出成功"。

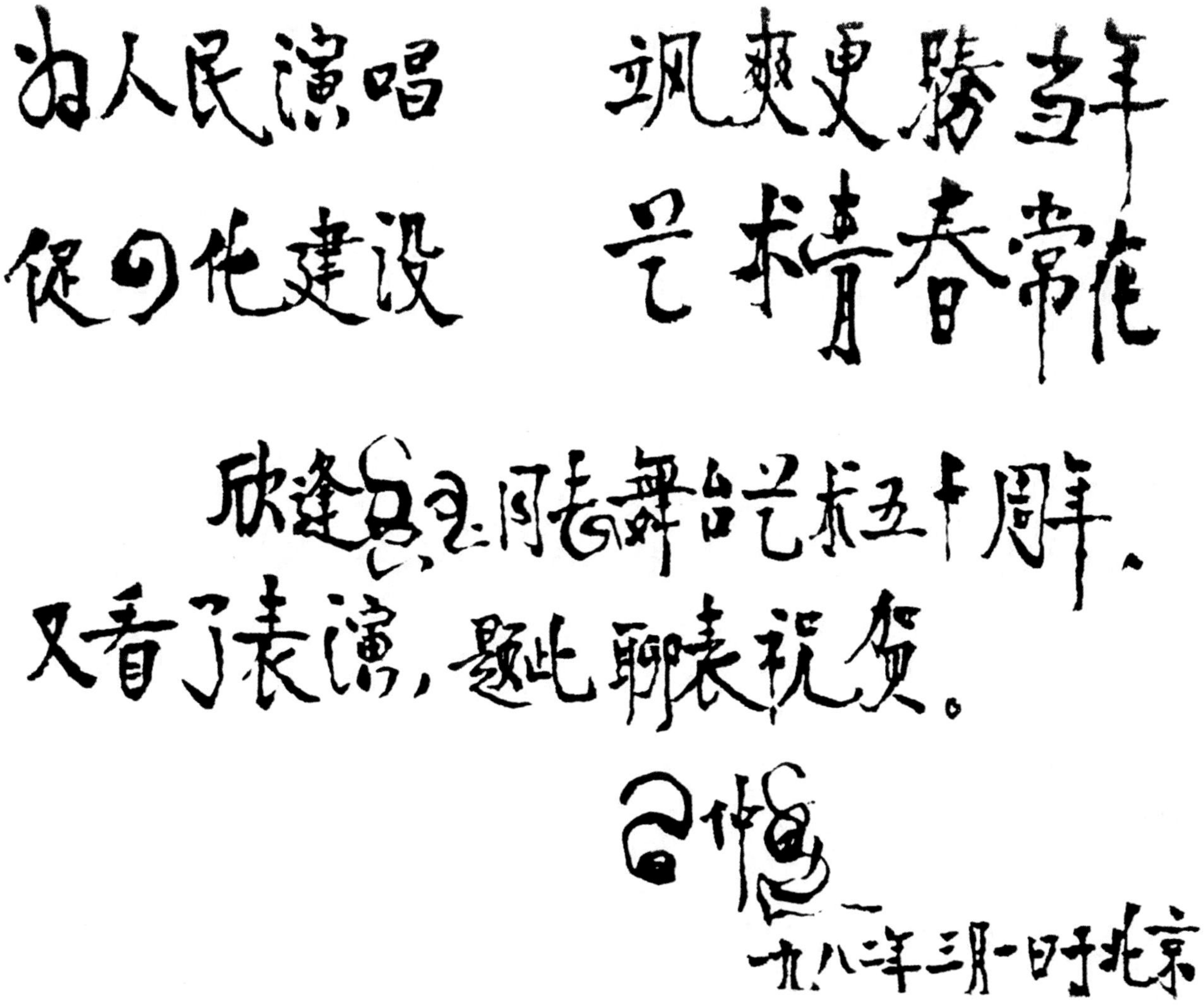

为人民演唱　飒爽更胜当年
促四化建设　艺术青春常在

欣逢香玉同志舞台艺术五十周年，又看了表演，题此聊表祝贺。

习仲勋
一九八二年三月一日于北京

习仲勋为常香玉舞台艺术50周年题词祝贺。

在第五届全国人民代表大会上，常香玉（左一）投下庄严的一票。

1978 年，常香玉参加全国人民代表大会从北京归来，受到河南省戏校师生的欢迎。

1979年4月20日，常香玉随中央慰问团在南宁慰问演出时与王首道亲切握手。（左为马金凤）

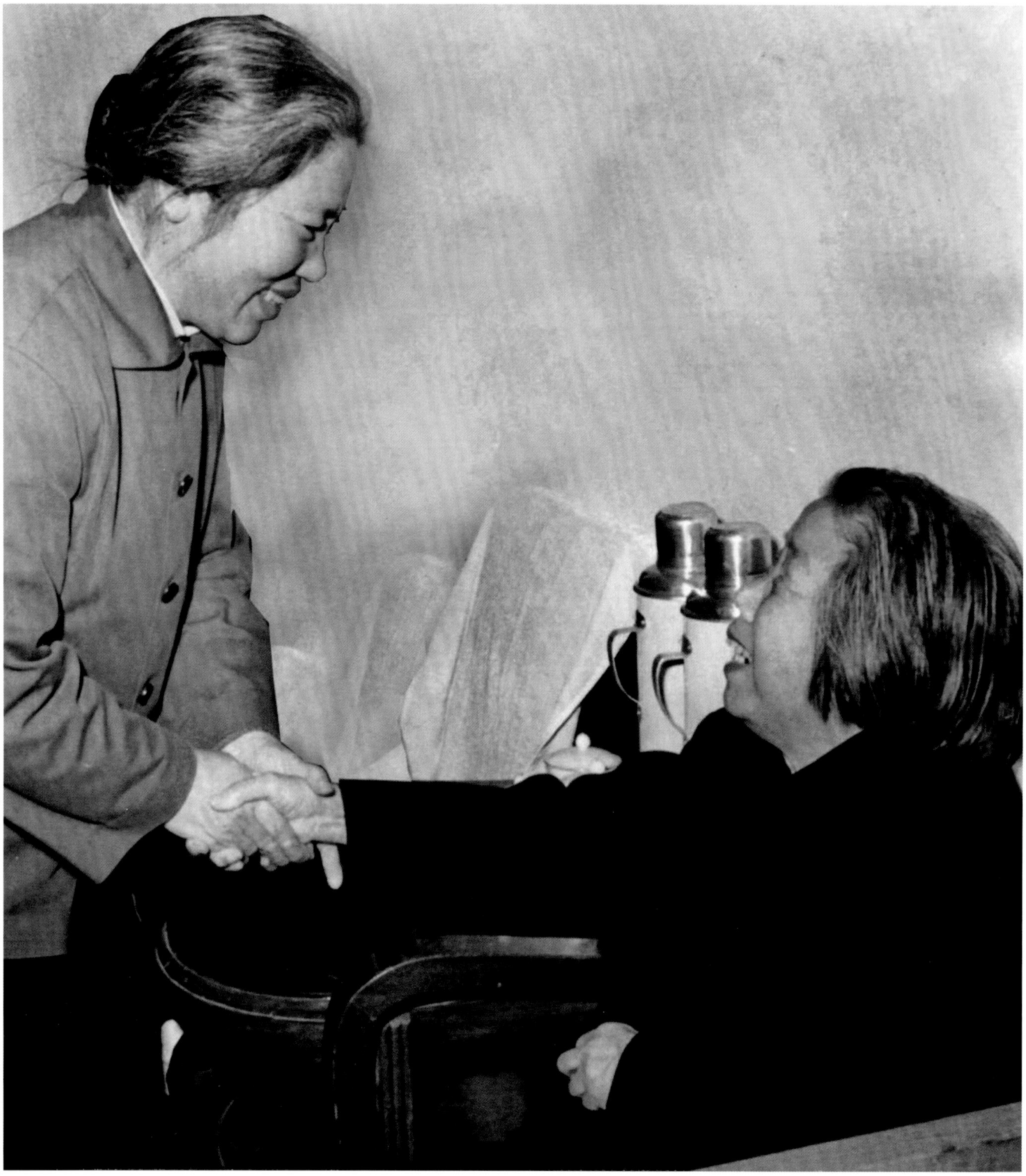

1979年，常香玉看望邓颖超，感谢周总理和邓大姐对她的关怀。

1979 年 10 月，在第三届全国人民代表大会上，邓颖超亲切地与常香玉握手，左二为才旦卓玛，右二为贺敬之。

1980 年，常香玉在天津周恩来总理纪念馆。

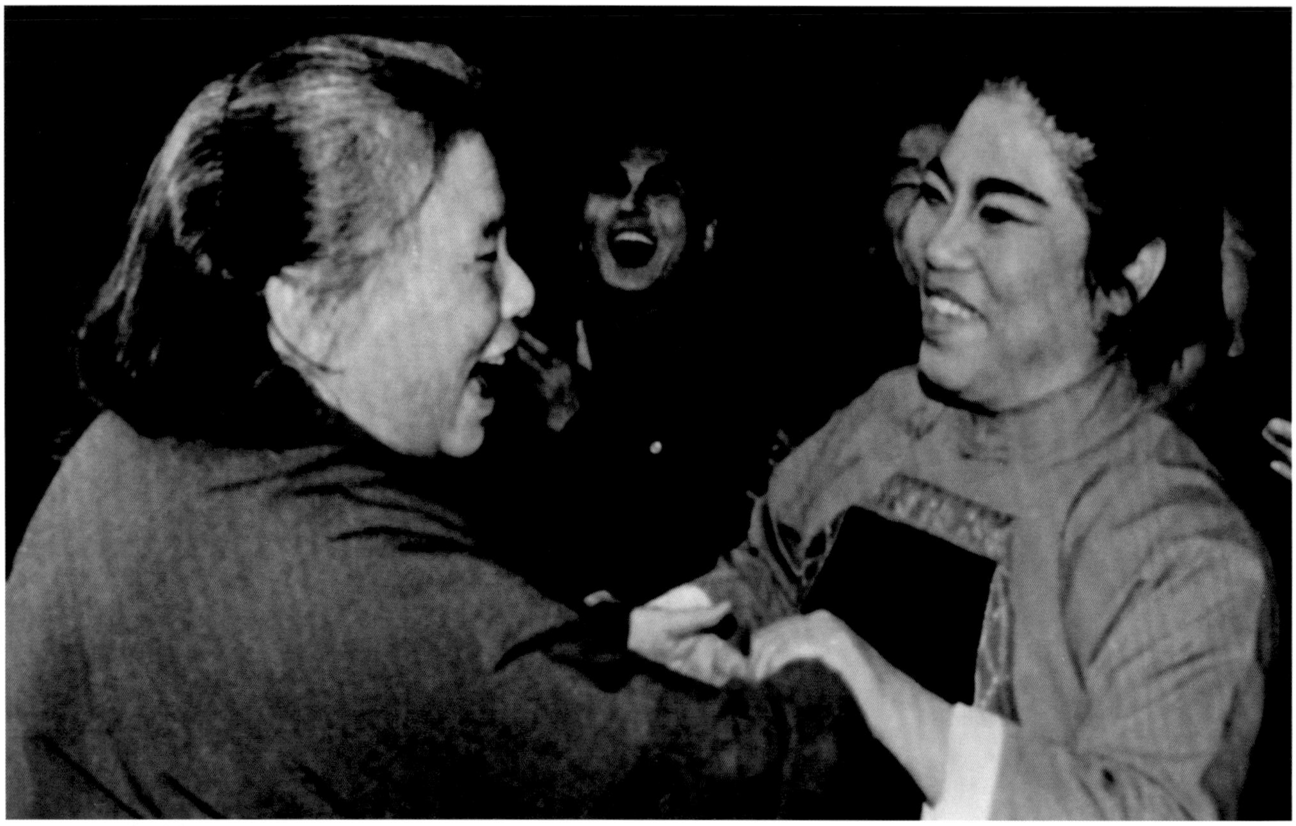

1982 年，康克清在北京观看了现代戏《柳河湾》后与常香玉亲切握手。

1982 年，时任中国人民解放军总参谋长杨得志亲切接见常香玉。

1982 年，时任国务院副总理王任重在北京观看常香玉演出的豫剧《柳河湾》后，与常香玉和演员们亲切握手。

1985 年，在全国人民代表大会上刘华清（右二）、洪学智（右三）同常香玉交谈。

常香玉与香玉剧社号战斗机。（2000 年 10 月拍摄于中国航空博物馆）

第四部分

回报人民

人民是文艺工作者的母亲，没有人民，就没有艺术。只有心里装着人民，为人民去演出，为人民去歌唱，才能把最好的精神食粮奉献给人民。在这方面，常香玉为我们做出了榜样。她说："我是党和人民培养出来的艺术家，是人民这块土地使我生根、发芽、结果。我要尽可能地把我的艺术成果，报答给党和人民，报答给生我养我的这块土地。"她是这样说的，也是这样做的。她捐机义演、赴朝慰问演出之后，接着就西出阳关，赴新疆；回头东南，去福建沿海；南下广西边防、湖北空军基地，慰问解放军。大庆油田，义马、平顶山煤矿，胜利、中原油田，街头、公园，工地、医院……都留下了她的足迹，洒下了她的汗水，飞扬着她的歌声。有一个观众，她唱；有十个观众，她唱；有三万、五万观众她更唱。河南省有 110 多个县，她唱了 93 个；全国 30 多个省市自治区直辖市，她唱了 24 个。从 1951 年到 2003 年，她几乎年年有慰问，年年有义演。半个多世纪，为了回报人民，她走了多少路，演了多少场，流了多少汗，吃了多少苦，实在难以数清。她为人民奉献了一生，人民将永远把她怀念。

1954 年 2 月，常香玉参加全国慰问人民解放军慰问总团，率领香玉剧社到达喀什机场，向前来欢迎的指战员挥手致意。

1954年2月，常香玉参加全国慰问人民解放军慰问总团，率领香玉剧社到达喀什机场后受到大家的欢迎。

1954，常香玉在乌鲁木齐慰问演出《拷红》后，新疆妇联领导向她赠送维吾尔族小帽。

1979 年 4 月，常香玉在广西边防与李万余及英雄七连合影。

1979 年夏，常香玉到湖北孝感慰问空军战士，受到热烈欢迎。

1979 年，常香玉在广西边防慰问解放军英雄战士。

1979 年，常香玉在广西边防帮战士擦枪。

1979 年，常香玉在凭祥慰问中与排雷的英雄云一（右一）、六连、七连战士合影。

1979 年，常香玉在广西边防为解放军战士演唱。

深入工矿生活

慰问工人，为他们演出，也是常香玉的“重头戏”。她深入工矿企业，到最基层去贴近工人，与满面灰尘色，浑身油污味的工人在一起，感受他们勤劳勇敢、艰苦奋斗的作风，学习领悟他们伟大的人格和风采。她到油田、煤矿、钢厂、建筑工地……仅油田就有大庆、胜利、中原、南阳等。她们晚上演出，白天和工人一起劳动，筛沙、扛料，干得起劲投入。她还不忘矿工的孩子和后勤人员，到学校、幼儿园、炊事班、医务所看望他们。

她和铁人王进喜亲切交谈，并为“学铁人发扬两论起家”大会演唱。她愿把自己的心血溶进石油与铁水，为国家工业建设多出钢和油鼓与呼。

1958 年 2 月，常香玉带领河南豫剧院一团在马鞍山钢厂慰问演出后与工人合影。

1962年元月，常香玉带领演员深入矿井下为矿工们演唱。

1964年，常香玉在大庆慰问演出后，大庆油田领导代表工人向她赠送奖章和锦旗。

1964年，常香玉（前排左六）带领河南豫剧院一团在大庆慰问演出后，和铁人王进喜（前排左五）、大庆油田领导、石油工人合影留念。

1964年，常香玉与铁人王进喜（左四）、周奇之副院长（右四）、孙永奇团长（右二）、王在岑（左二）、马天德（左三）、王冠君（左五）、郭兰生（右三）合影。

1977 年，常香玉在河南义马煤矿为矿工深情演唱。

1979 年，常香玉带领河南豫剧团演职人员深入大庆石油工地慰问演出。

1979 年，常香玉在大庆“学铁人发扬两论起家”的大会上演唱。

满怀深情为人民

常香玉为工农兵、人民大众总是唱个不停。演唱，是她的天性。她把豫剧唱遍黄河上下，大江南北，唱响神州大地，唱向世界，唱进千千万万人的心窝。无论是天涯海角，穷乡僻壤，哪里需要就到哪里唱。街巷、公园、社区、工地、水库、田间、医院、列车、会议休息中、赈灾、为下岗工人义演、集体婚礼等，都响彻着她的歌声。她不论场合，不管人多人少，随时随地，无私奉献。演唱条件再差，她都认真对待，一丝不苟，情绪饱满，十分投入。唱得人们拍手称快，意欢情遂。

1978 年 4 月，常香玉同建筑工人一起劳动。

1978 年，常香玉冒着严寒在工地为群众演唱。

1978 年，常香玉在京广线列车上为餐车服务员演唱。

1978 年，常香玉为宣传党的政策，带领剧团深入街道社区进行演唱。

晚年常香玉。

2003 年，久病的常香玉行走已十分困难，但她仍在女儿的搀扶下到北京奥运工地为建筑工人们演唱。

2003 年，常香玉在北京奥运工地演出后与工人们亲切交谈。

河南日報

HENAN RIBAO

2004年7月
28
星期三
甲申年六月十二
第19442号

郑州地区天气预报
今天白天到夜里
阴到多云，有短时阵雨
偏南风2到3级
温度：24℃~31℃

国内统一刊号：CN41—0001
邮发代号：35—1 今日12版

河南报业网网址：http://www.hnby.com.cn http://www.hnng.com

中共河南省委机关报 河南日报报业集团出版

国务院在北京人民大会堂举行追授

常香玉荣膺“人民艺

国务委员陈至立出席并讲话

本报北京专电 （记者范海豪）7月27日，国务院在北京人民大会堂举行追授常香玉同志“人民艺术家”荣誉称号仪式。国务委员陈至立出席并讲话（全文另发）。国家人事部部长张柏林、文化部部长孙家正、中宣部副部长李从军、国务院副秘书长陈进玉、中国文联党组书记李树文、中国作家协会主席金炳华等出席。

省委副书记王全书、副省长王菊梅等出席追授仪式。

陈至立向常香玉的女儿常小玉颁发了追授常香玉为“人民艺术家”荣誉称号的荣誉证书。张柏林首先代表国务院宣读了《国务院关于追授常香玉同志“人民艺术家”荣誉称号的决定》。

陈至立在讲话中高度评价了常香玉同志，她指出，常香玉是人民艺术家，常香玉的一生是忠于祖国的一生，是服务人民的一生，是献身艺术的一生，是广大文艺工作者的模范和榜样。文艺界要把开展向常香玉学习的活动，同深入开展“三个代表”重要思想、马克思主义文艺观、职业道德、职业精神结合起来，继续增强实践“三个代表”的自觉性、坚定性，增强对建设中国特色社会主义的责任感和使命感，不断满足人民群众日益增长的精神文化的需求。

陈至立强调，常香玉同志是我国著名戏剧大师。几十年来，常香玉在艺术表演实践中，努力继承，锐意创新，融百家之长，求一己之特，创立了具有特色的公认的常派艺术，为豫剧艺术的繁荣发展做出了重大贡献。她怀着对民族戏曲艺术的

学习常香玉精神 加强文艺队伍建设

省会举行缅怀常香玉同志座谈会

本报讯（记者 张晓波）昨日下午，省会文艺界举行座谈会，追忆和缅怀人民艺术家、著名豫剧大师、优秀共产党员常香玉同志。省委常委、宣传部长孔玉芳要求，全省文艺工作者要向常香玉同志学习，坚持文艺工作贴近实际、贴近生活、贴近群众，为加快全面建设小康社会步伐、实现中原崛起作出应有的贡献。

座谈会上，文艺界的专家、演员、常香玉的家属、弟子和常香玉的忠实戏迷以沉痛的心情，深情回忆了常香玉大师工作、生活的感人片断以及留给人们的那些生动、永恒的艺术形象。许多人都为常香玉大师爱国家、爱人民、爱艺术的真情所感动。一位戏迷还当场朗读了自己写的诗《铭刻观众心目中》。

孔玉芳说，常香玉同志是一个品德高尚、成就卓著、深受人民群众爱戴的艺术家，她的一生是献身艺术的一生，是爱党、爱国的一生，是德艺双馨、品德高尚的一生。她将毕生精力献给了她所热爱的豫剧事业，为豫剧艺术的继承和创新，为我国戏曲事业的繁荣和发展作出了杰出贡献。孔玉芳要求，全省各级宣传部门和文化系统要充分认识开展向常香玉同志学习的重要意义，学习常香玉，就是要学习她爱国爱党、心系人民的崇高精神，学习她勇于创新、精益求精的艺术境界，学习她德艺双馨、无私奉献的高贵品格。要把学习常香玉同志的活动作为深入贯彻落实“三个代表”重要思想的重要举措、加强全省文艺队伍建设的良好契机，与全省文艺界“三项学习教育”活动紧密结合起来，通过学习，使全省文艺工作者坚持以马克思列宁主义、毛泽东思想、邓小平理论和“三个代表”重要思想为指导，坚持“二为”方向和“双百”方针，坚持弘扬主旋律，提倡多样化，坚持“三贴近”，使思想性、艺术性和观赏性得到统一，以优秀的作品鼓舞人民，反映河南人民创造美好未来的壮丽进程，激发广大人民群众的积极性。

河南商報

HENANSHANGBAO

河南商报社出版
统一刊号：CN41-0036
邮发代号：35-62
2004年7月30日 星期五
农历六月十四

郑州地区天气：白天到夜里 阴天 大雨转阵雨 温度 22℃~28℃ 偏北风3级左右 本报网址：http://www.hnnews.com.cn 技术支持：中国企业网 总第3368期

省委省政府召开座谈会庆祝常香玉同志荣获“人民艺术家”称号

号召全省文艺工作者弘扬常香玉精神

新华社郑州7月29日电（记者 桂娟）7月29日下午，省委省政府召开省会宣传文化界座谈会，庆祝常香玉同志获得“人民艺术家”荣誉称号。省党政军领导李克强、王全书等出席了座谈会。座谈会由副省长王菊梅主持，省委副书记王全书讲话。省会宣传、文化界代表以及常香玉同志的家属参加了座谈会。

……

7月27日，国务院在北京人民大会堂举行追授已故豫剧大师常香玉同志“人民艺术家”荣誉称号仪式。国务委员陈至立向常香玉的女儿常小玉颁发了追授常香玉为“人民艺术家”荣誉称号的荣誉证书。据了解，常香玉是我国唯一获得国务院命名的“人民艺术家”荣誉称号的文艺工作者。

人民·艺术·家

——歌常香玉

□王怀让

“常派”经典重回西安

——“常派代表剧目全国展演活动”演出侧记

刘长瑜要求弟子都学常香玉

中国京剧院的荀派艺术家刘长瑜对记者说，要概括常香玉老师的品质，想来想去，觉得用“忠诚”二字最恰当。她说，20多年前，她去郑州演出时到常香玉老师家去做过客，虽然当时的情景她已经记不清了，但是常香玉老师的平易近人和对他们这些晚辈的热情，她的印象非常深。特别是常香玉老师看过他们的演出后，给予他们的鼓励，让她非常感动。她说：“其实我从小就非常敬仰常香玉老师，常老师高超的艺术、优秀的人品，一直是我学习的楷模。”

刘长瑜还说：“常香玉老师走了，我非常悲痛，这是我们戏曲界巨大的损失。她虽然离开了我们，但是她的精神永远活在我们心里。豫剧是现在全国五大戏曲剧种之一，常香玉老师对豫剧在全国形成了这么大的影响，做出了非常大的贡献，她是名副其实的德艺双馨艺术家，是人民的艺术家。她忠于人民、忠于事业，为国家、为艺术、为人民诚实、勤奋地服务。她经常深入基层，上山下乡，工厂、部队、边防哨所都有她的足迹。在进入市场经济时代以后，常老师不为名和利，只忠于艺术和人民，这是很难做到的。我不仅自己要向常香玉老师学习，还会要求我的学生、弟子们都把常香玉老师当作榜样和楷模，对祖国、对人民、对艺术忠心不二。” 信报记者 唐雪薇

追寻艺术大师常香玉的足迹——

常小玉陈玉鼎 踏上宁夏热土

我区豫剧迷举行常香玉百天纪念日

华兴讯 （记者 刘晓莉）8月31日是著名豫剧艺术大师常香玉去世百天纪念日，常香玉的长女常小玉、第一代弟子陈玉鼎专程赶来，参加我区豫剧迷自发组织的纪念活动，同时与我区戏迷共同商讨豫剧在宁夏的进一步发展。

在当日的缅怀会现场，常小玉、陈玉鼎一走进会场，一百多名我区豫剧迷起立鼓掌致意许久。有很多老人在家人的陪同下前来观看。张良光是宁夏为数不多的豫剧迷之一。他告诉记者，常小玉陈玉鼎此次来宁将带来一大批关于常香玉本人的珍贵历史资料，其中部分未经公开，将留给宁夏豫剧迷。此次纪念活动由三部分组成：一场豫剧演出、一场常香玉生平资料展以及放映一场关于常香玉的电影。

常香玉是著名的爱国艺人，1949年5月，她拒绝为马鸿奎演出而与宁夏失之交臂。此后从未来过宁夏，但这里依然有一大批她的热心戏迷，他们通过媒体、信件等与常香玉保持联系。55年后，常香玉的长女常小玉与宁夏豫剧迷共同缅怀艺术大师、

随同常香玉赴朝鲜战场慰问演出的艺术家们在一起观看他们珍藏的常香玉照片相册。左起：娄学义、陈玉鼎、付少卿、许玉华、刘凤琴、高玉秋、范玉清、韩玉生。

第五部分

友谊四海

常香玉是一位平易近人、和蔼可亲的艺术家。敦厚善良，直爽开朗，克己奉公，谦逊礼让，有“有容乃大、载物厚德”的气度，纯洁高尚的品德，特别是她在政治上和艺术上的卓越贡献，为人们所敬仰，使她在我国戏曲界、文化界、影视界、音乐界、美术界、曲艺界、舞蹈界、党政军群社会各界以及在国际上，结交了许多挚朋好友。从文化巨人、艺术大师到著名艺术家、作家、专家、学者，如郭沫若、田汉、梅兰芳、曹禺、周扬、贺敬之、林默涵、程砚秋、周信芳、袁雪芬、红线女、陈伯华、姚雪垠、李準、吕骥、吴作人、关山月、华君武、侯宝林、骆玉笙、陈素真、崔兰田、马金凤、阎立品、申凤梅等，常香玉与他们相亲相敬，相补相助，切磋交流，在艺术交流中增进友谊，在友谊中升华艺术真善美，对豫剧的发展和提高，对中国戏曲艺术的繁荣和发展，起到了积极的促进作用。

1952年，常香玉在北京参加全国第一次文代会期间，与著名京剧艺术家梅兰芳（二排右一）、周信芳（三排右一）、程砚秋（三排左二），电影表演艺术家白杨（前排左二）、田华（前排左三），歌唱家王昆（二排左一），越剧表演艺术家袁雪芬（二排左二），著名摄影家徐肖冰（前排左一）合影留念。

名师戏缘深　挚友共天长

以文会友，是中国文化的一部分，也是文人交友的一种方式。常香玉高朋满座，友谊四方。她结交的有领导、文学家、小说家、音乐家、相声大师、剧作家、诗人、书画家、摄影家、歌唱家、演员等。有国内的、异域的，老一辈的、年轻一代的。她与这些巨擘妙手、人杰俊彦，崇论闳议，切磋交流，吸收营养，丰厚自己。常香玉很看重心海深处的感情伸延，把它当作金色的联谊彩桥。她每每旧雨重聚，相忆往事，慨谈人生，释然情怀，永葆友谊之树长青。

20世纪50年代初，京剧大师梅兰芳把他与其子梅葆玖合演的《游园惊梦》剧照赠给常香玉。

1952年，全国文代会期间，常香玉（右）和京剧大师梅兰芳（中）、越剧表演艺术家王文娟（左）在一起。

1952年，在第一届全国戏曲观摩演出大会上，常香玉（左二）与梅兰芳（右三）、周信芳（右四）、程砚秋（左三）、王瑶卿（右一）、盖叫天（左一）、袁雪芬（右二）同获大会荣誉奖。

豫剧五大名旦、五大流派创始人相聚在一起。左起：马金凤、陈素真、常香玉、崔兰田、阎立品。

常香玉（左五）、常小玉（左一）、高洁（左三）、魏云（左四）、卢兰香（右三）、张月婷（右二）等在天津演出期间合影。

常香玉（中）与白杨（左）、田华（右）在年轻时就是好朋友。

常香玉（右二）、红线女（右一）、陈伯华（左二）、尹羲（左一）在一起。

常香玉和陈素真（左）在河南省第一届人大代表会上合影。

1977年，常香玉与王晓棠（左）在北京相聚。

1978年，常香玉与著名导演崔嵬（中）、著名曲剧表演艺术家张新芳（右）在一起交谈。

1980 年，常香玉与相声大师侯宝林（左）合影。

常香玉和著名歌唱家郭兰英（左）在一起。

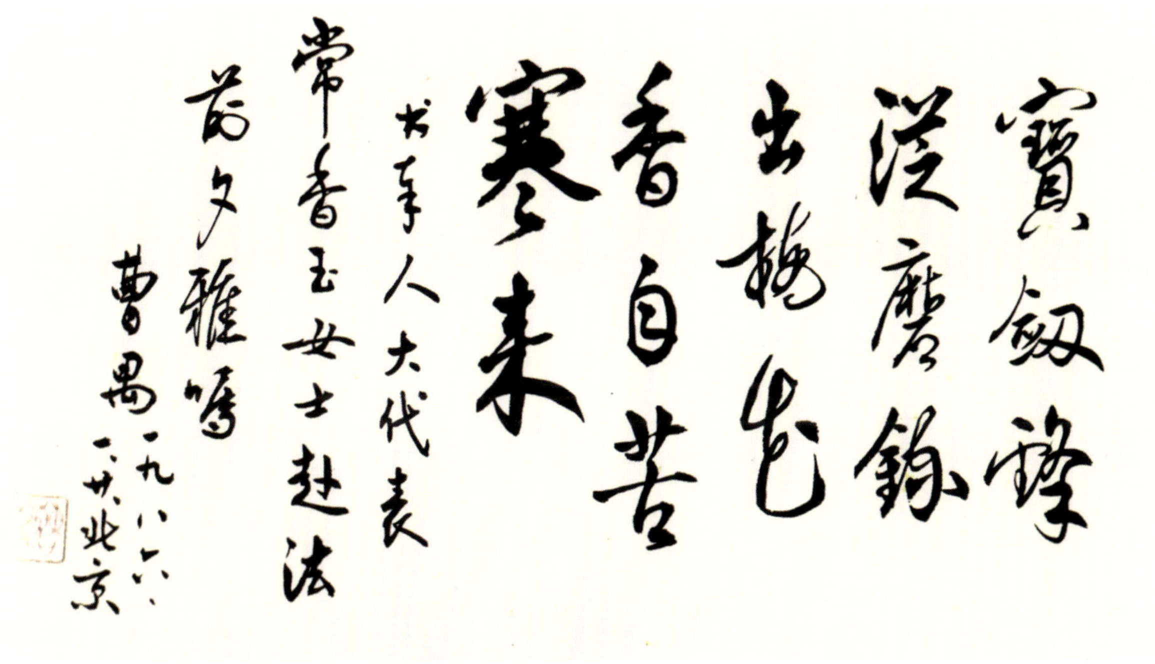

著名剧作家曹禺为常香玉题词。

1988 年 6 月，常香玉（左二）和著名剧作家曹禺（右二）等人合影。

1990 年，常香玉随中国戏剧代表团访问日本时在交流会上发言。

1996 年，在北京召开的全国文代会上，常香玉（左）和著名京韵大鼓表演艺术家骆玉笙（中）合影。

1993年，常香玉与台湾豫剧演员张岫云亲切交谈。

1997年，常香玉赴香港时与著名歌唱家汪明荃在一起。

为庆贺澳门回归，常香玉和澳门特别行政区长官何厚铧合影。

常香玉为庆贺澳门回归演出期间，和全国政协副主席马万祺合影留念。（左为她的女儿常小香）

2000年，全国文代会上常香玉与著名画家刘文西在一起。

常香玉和张瑞芳（右）在一起

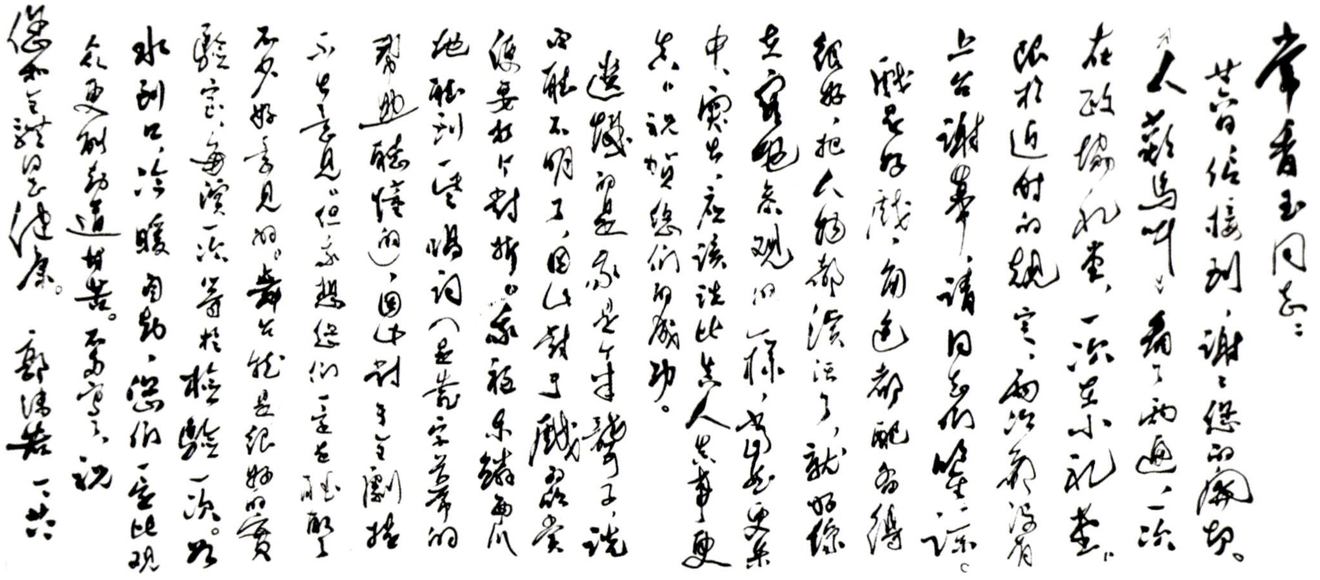

常香玉同志：

郭沫若

郭沫若亲笔写给常香玉的信，对常香玉的爱国思想、舞台艺术给予了很高的评价。

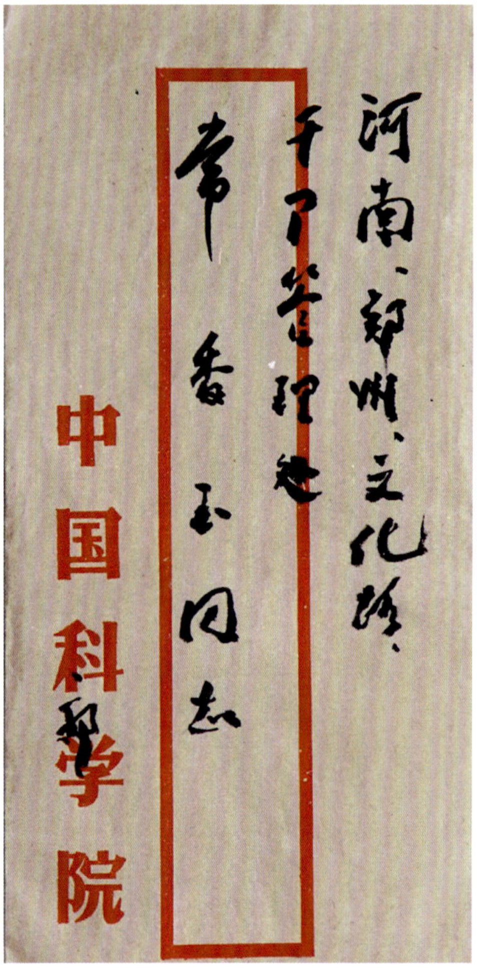

河南、郑州、文化路、

平门管理处

常香玉同志

中国科学院

郭沫若给常香玉复信信封

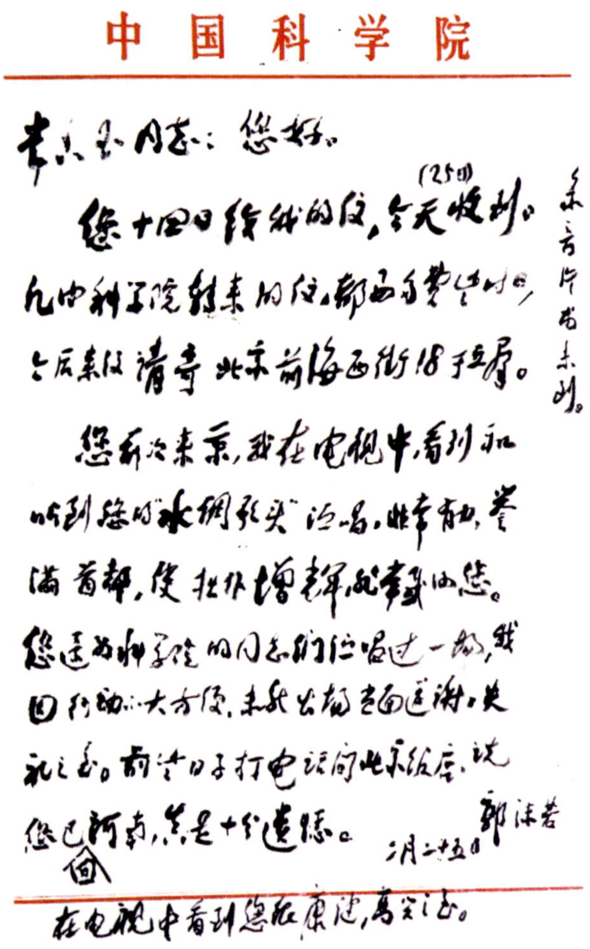

中国科学院

常香玉同志：您好。

您十四日给我的信，今天(25日)收到。凡由科学院转来的信，都要多费些时日，以后来信请寄 北京前海西街18号为宜。

您前次来京，我在电视中看到和听到您的"水调歌头"演唱，非常高兴，誉满首都，使我格外增辉，感谢您。

郭沫若

二月二十五日

在电视中看到您很康健，万分高兴。

郭沫若给常香玉的复信

国际文化使者 传递和平友谊

1952 年 12 月，常香玉随宋庆龄为团长、郭沫若为副团长的中国代表团出席了在维也纳举行的世界人民和平大会，与到会的 85 个国家代表中的很多和平代表进行了友好交流，表达了中国人民对和平的热爱。与会期间常香玉还参加了维也纳妇女招待会和国际民主妇联的集会，表达了中国妇女的和平愿望。世界人民和平大会闭幕后，中国代表团取道苏联回国。途经苏联时应邀进行了友好访问，出席了苏联对外文化交流协会举行的招待会，参观了工厂、学校等，观看了苏联艺术家演出的《天鹅湖》《白毛女》等剧。梅兰芳和常香玉在莫斯科和列宁格勒的“演员之家”演出了京剧和豫剧。

1986 年，常香玉随全国人大中法友好代表团出访法国，在法国议长的招待宴会上清唱了豫剧《花木兰》《穆桂英挂帅》唱段，传递了中国人民的友好情谊。

1990 年，以中国戏剧家协会副主席赵寻为团长、常香玉为副团长的中国戏剧家代表团赴日本访问。在十余天的行程中，代表团访问了东京、横滨、大阪、京都、奈良等地的文化戏剧界，观看了歌舞伎、狂言剧、话剧、木偶剧及舞蹈演出，参观了早稻田大学戏剧博物馆，与日本文化戏剧界人士进行了广泛的交流和联谊。

在国内，常香玉也结识了许多国际友人，他们与常香玉结下了深厚友谊。

1952 年，常香玉（前排右一）随参加世界人民和平大会的中国代表团返回途中在苏联的合影。

1952 年，常香玉（右二）出席在维也纳召开的世界人民和平大会。（左一为京剧大师梅兰芳）

常香玉（左三）在世界人民和平大会上，与多国代表交谈。（右一为梅兰芳）

常香玉（左三）在维也纳参加世界人民和平大会会议期间与多国妇女代表合影。

1953年，常香玉（前左一）与郭沫若（前左二）、宋庆龄（前左三）、梅兰芳（前左四）一起出席苏联对外文化协会举办的招待会。

1957 年 10 月，越南文工团来郑州访问、演出。在河南省文艺界举行的招待晚会上，常香玉演出《拷红》后两国演员欢聚一堂。（魏德忠摄）

1986 年 1 月，常香玉（前排左二）作为全国人大代表团成员访问了法国，法国人民的热情友好给她留下了深刻印象。

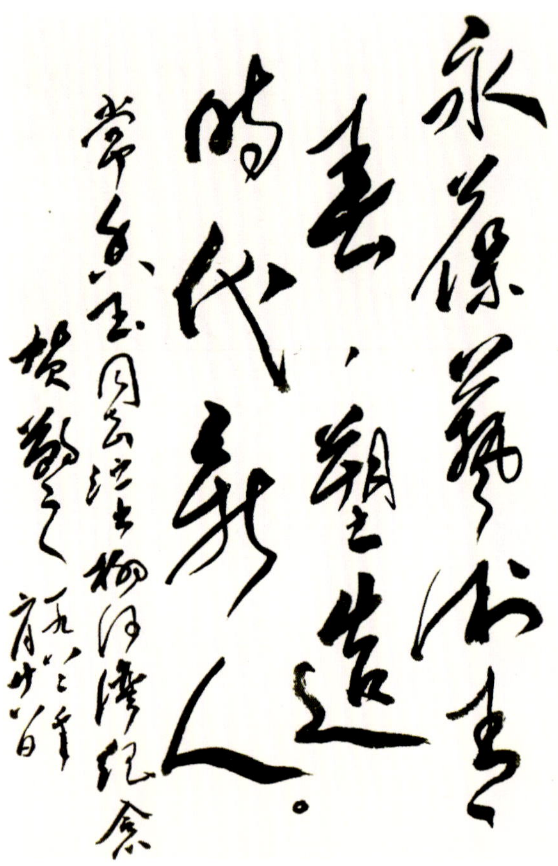

著名诗人贺敬之为常香玉演出题词

丹青墨宝传友情

泼翻墨沉香四溢，丹青最传人文情。翰墨使常香玉和众多的名流大家结下了深厚友谊。他们共勉、酬答、赠言。有伉俪联袂，有多次展纸挥毫，亦有藏尾诗词诠释情意。书为心画，字如其人。这些手笔墨迹，既是珍品至宝，也是弥足珍贵的友谊结晶。

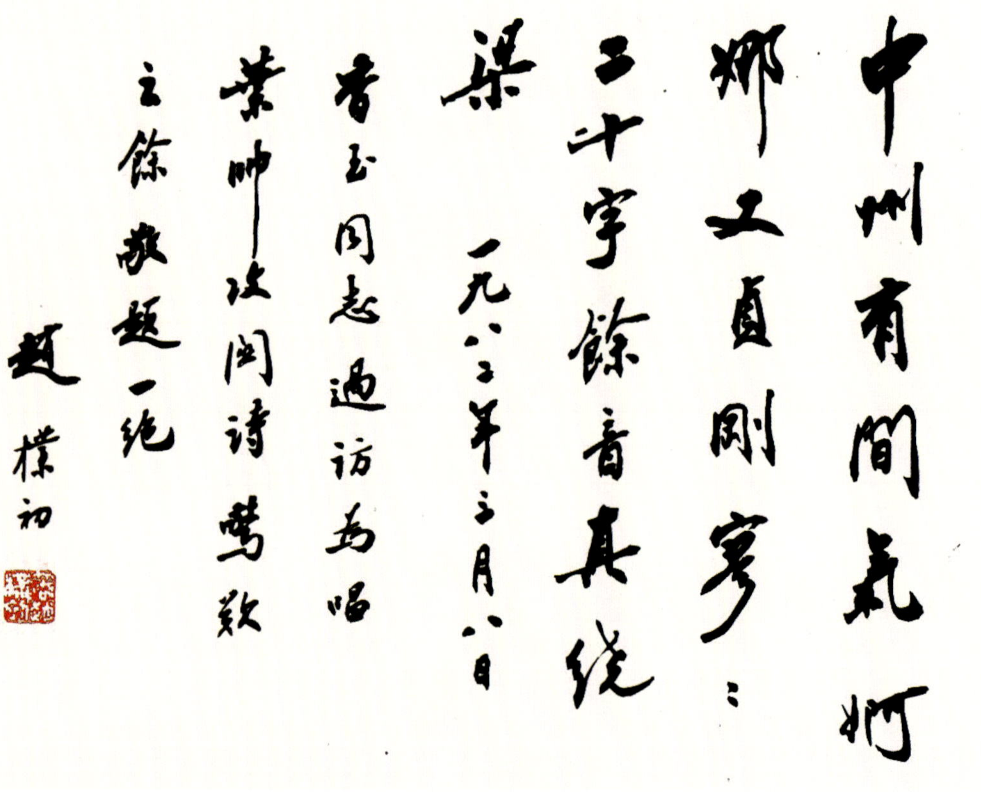

全国政协原副主席赵朴初为常香玉题词

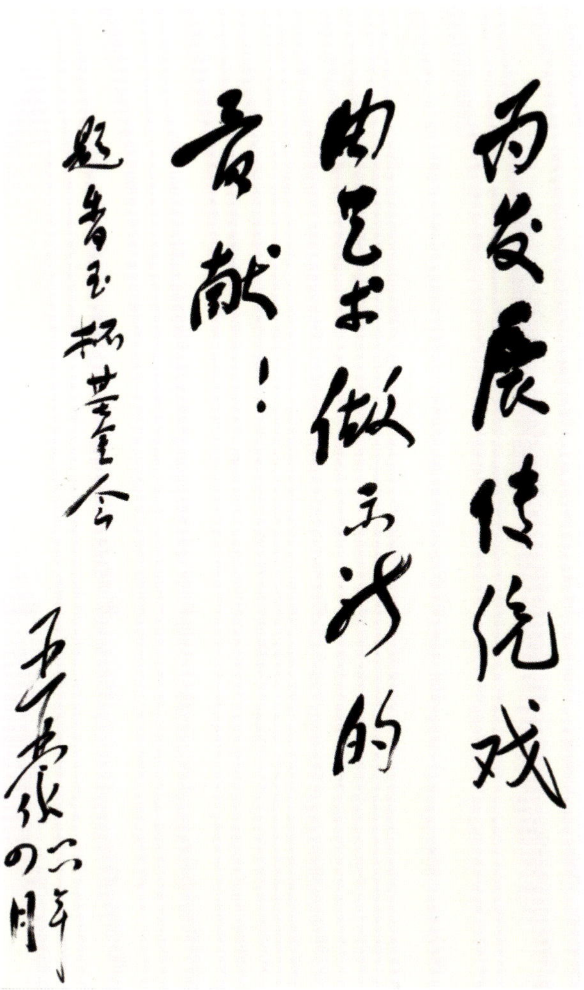

文化部原部长王蒙为“香玉杯艺术奖”题词

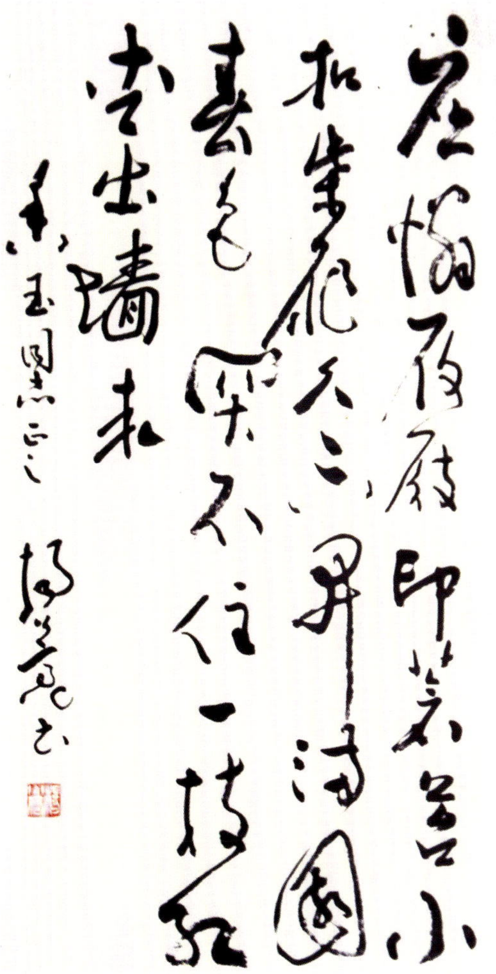

著名戏曲编导艺术家杨兰春为常香玉题词

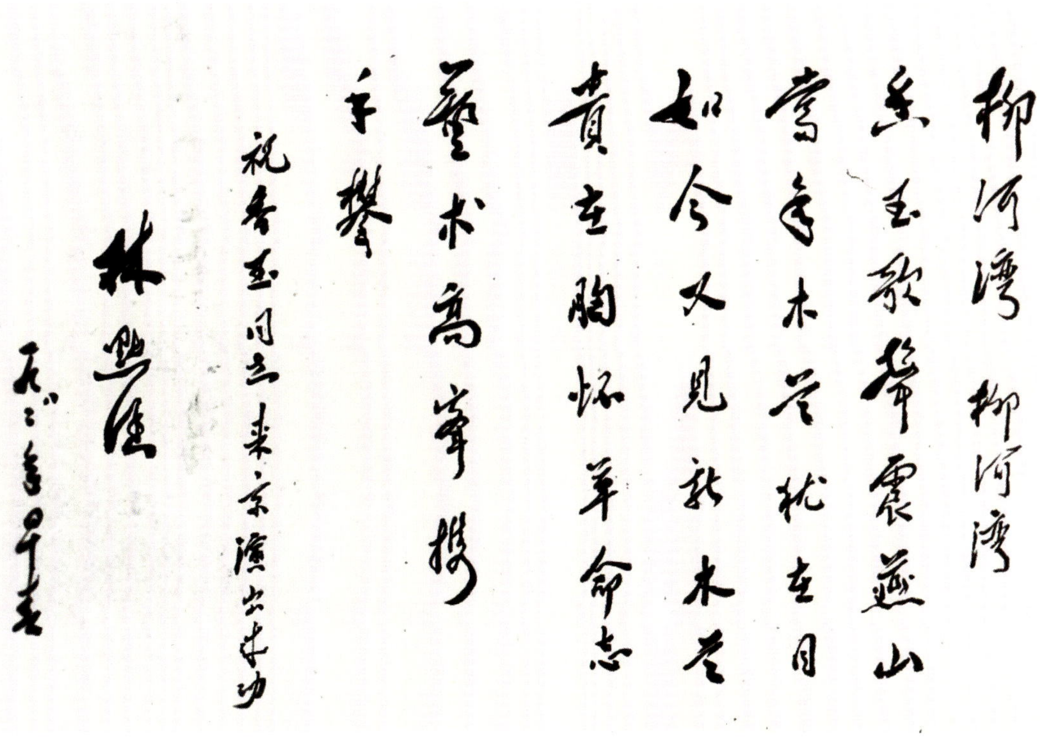

中宣部原副部长林默涵为常香玉题诗

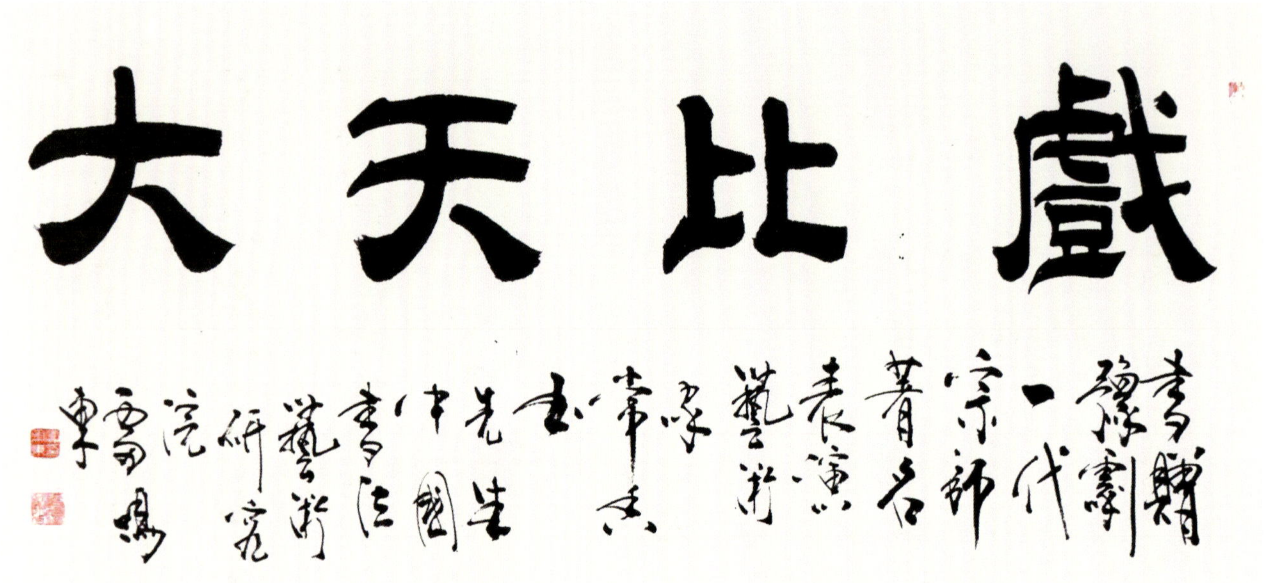

著名书法家雷鸣东为常香玉题词“戏比天大”

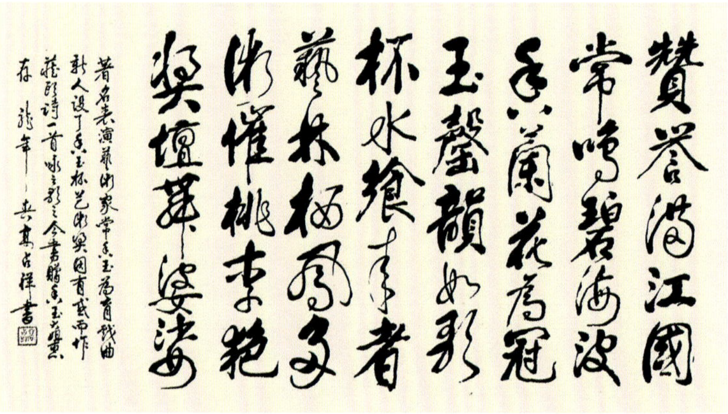

著名书画家黎雄才为常香玉题词

中共开封原市委书记孙泉锡为常香玉题词

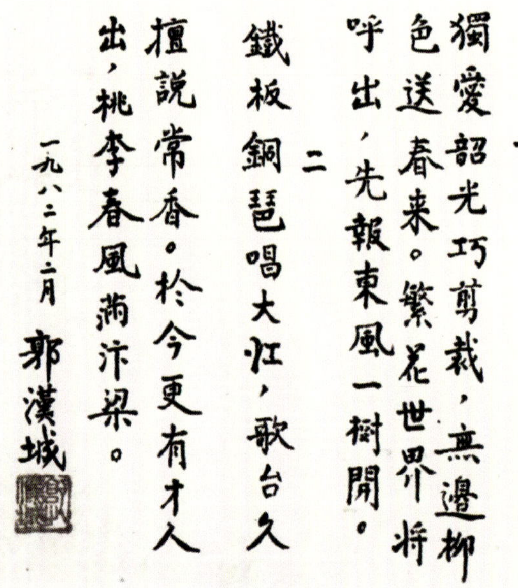

著名戏剧家郭汉城为常香玉题词

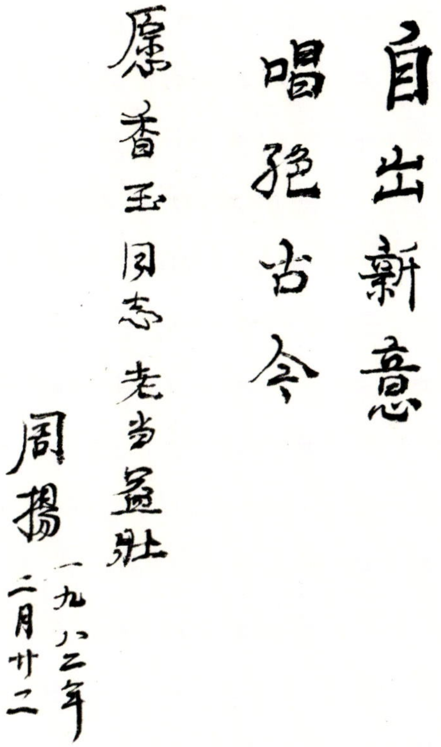

中宣部原副部长周扬为常香玉题词

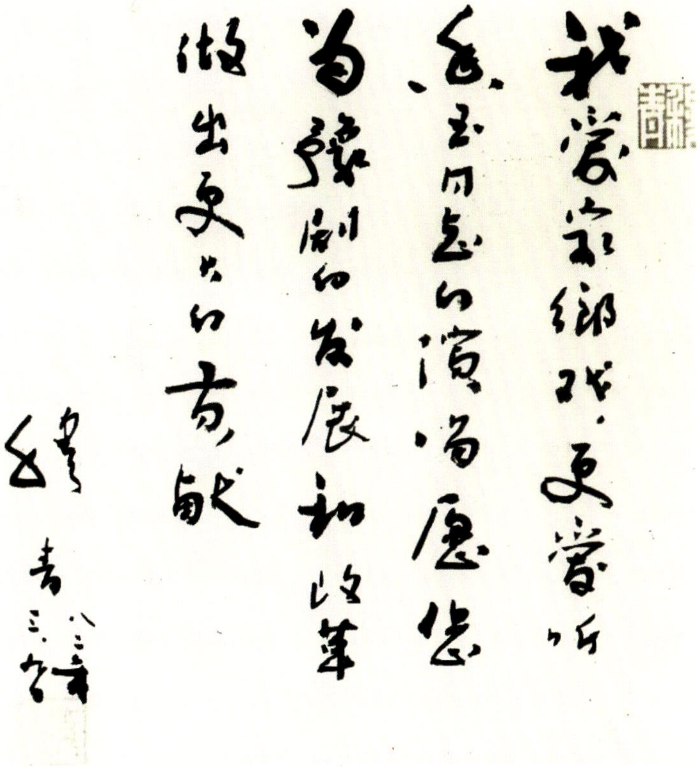

新华通讯社原社长穆青为常香玉题词

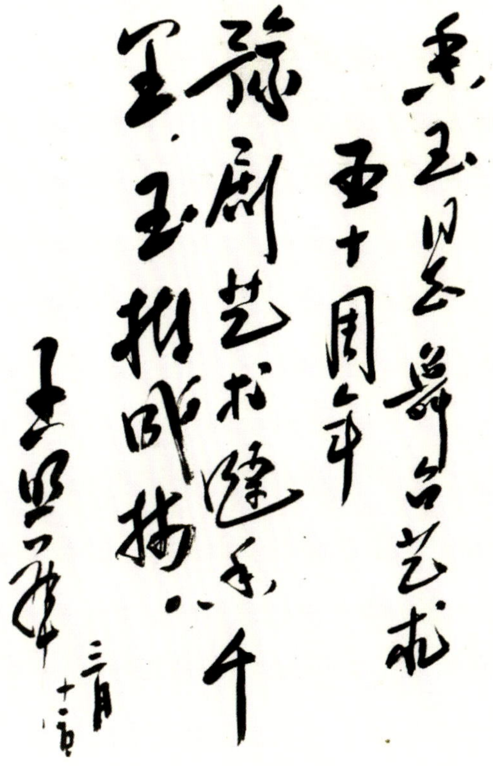

王照华为常香玉从艺 50 周年题词

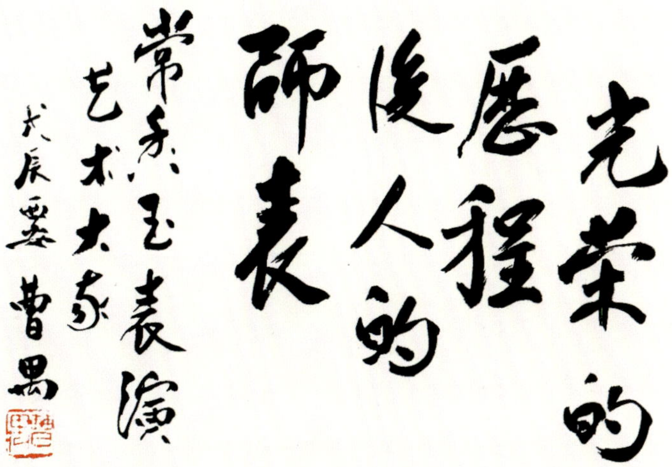

1988 年 6 月，著名剧作家曹禺在西安为常香玉题字。

第六部分

精心传艺

“名师出高徒”是至理名言。常香玉是名师，在教学传艺、培养教育人才方面有其独特的一套方式方法，也可以说是常派艺术体系中的重要一环。“戏比天大”“艺无止境”“勤学苦练”“善于继承”“勇于创新”等艺术思想贯穿始终；根据不同教学对象、不同时期的时代要求和艺术需要，其侧重点又各不相同。在香玉学校和香玉剧社时期，一方面加强对学生的基本功训练，一方面让学生多参加舞台演出实践，以戏带功；在 20 世纪 60 年代至 80 年代，对省内外文化水平较高的学生和弟子，一方面传授唱念做打、五功四法的美学规范和自己的舞台实践经验，重点则在传授常派名剧，用经典培养尖子人才；到 20 世纪 90 年代，对南街村戏曲学校的学生，又从基本功抓起，精心呵护幼苗成长。常香玉精心传艺数十载，使她的学生和弟子受益终身，常派名剧哺育了几代新秀名家。

1952 年，常香玉在西安给“香玉剧社”的学员们纠正戏曲表演的动作。

1961 年，常香玉给东海舰队文工团的演员们讲解如何表演好。

1962 年，常香玉在认真辅导学员练功。

1977 年，常香玉给青年演员们说戏。

1978 年，常香玉在河南省戏曲学校的课堂上讲课。

1978年，常香玉在河南省戏曲学校给学生们上课。

1978年8月，常香玉在河南省戏曲学校给学生们说戏。

1979 年 5 月，常香玉手把手地教吉林艺术学校的高惠菊学习唱腔。

1979 年，常香玉在天津给青年演员们讲解唱腔技巧。

1982 年，常香玉在练功房手把手地教学生们学戏。

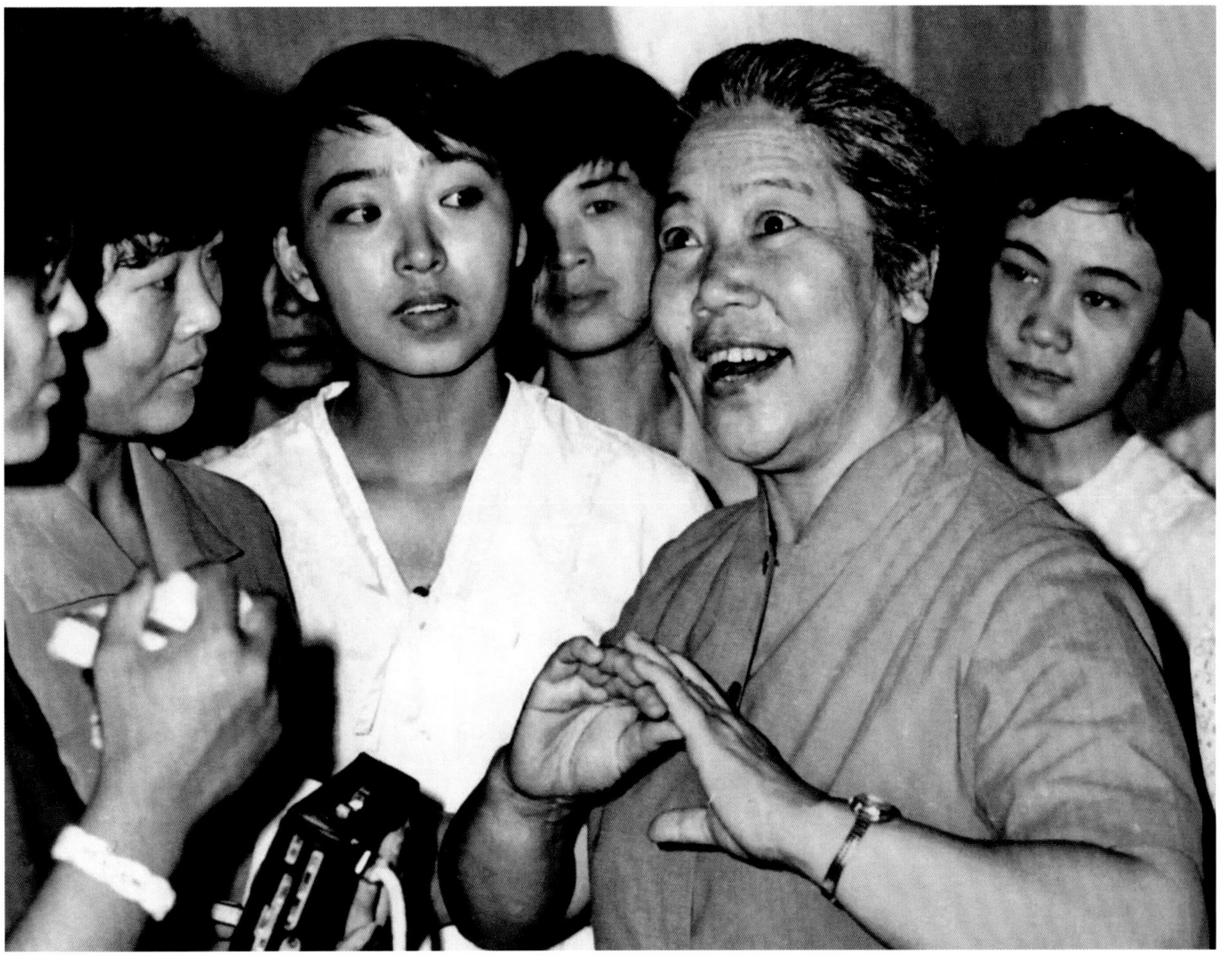

常香玉给河南省戏校的学生们讲解发音技巧。

1982 年，常香玉在河南省戏校给学生们上课。

1984 年，常香玉指导她的学生排练《花木兰》。

1987 年，常香玉应邀在沈阳音乐学院讲学，教学生们学表演。

1987 年，常香玉在沈阳音乐学院为师生们表演。

1987 年，常香玉应邀在沈阳音乐学院讲学，给学生们做示范动作。

1988 年 6 月，常香玉在宝鸡为群众演出，受到群众的热烈欢迎。

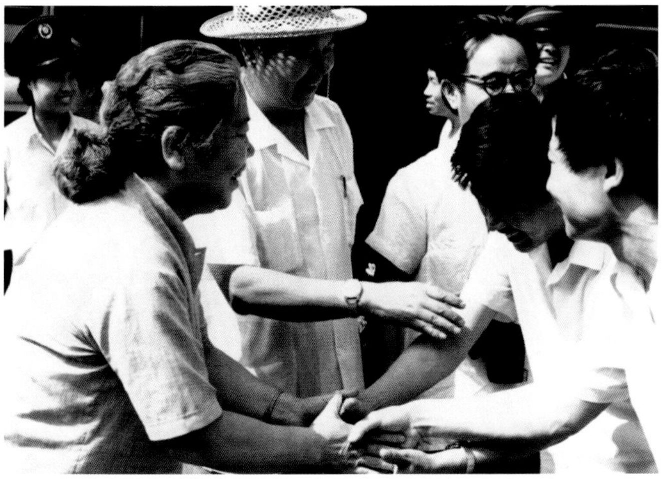

1988年，常香玉带领剧团到宝鸡演出，在宝鸡车站受到热烈欢迎。

1988年，常香玉回宝鸡演出，受到冒雨前来的群众热烈欢迎。

1988年，常香玉回到宝鸡寻访1942年至1943年居住过的旧居。

1988年6月，常香玉夫妇在宝鸡旧居门前合影。

1988年，常香玉来宝鸡为“香玉杯艺术奖”集资演出，与前来迎接她的有关领导及艺术家亲切交谈。

1988 年 6 月，常香玉在宝鸡演出。

1996 年，晚年的常香玉担任了临颍县南街村“希望戏曲学校”的名誉校长，经常指导孩子们练功学戏，培养出一代戏曲新人。这是她和戏校的孩子们在一起。（右一成人为南街村戏校校长孙玉菊）

设立“香玉杯艺术奖”

1987 年 10 月，常香玉应文化部之邀，在首届中国艺术节（中南片）演出，其效果之热烈，观众之踊跃，可谓盛况空前。艺术节闭幕时，大会组委会特别颁给常香玉一尊制作精美的“香玉杯”。常香玉和她的老伴陈宪章商议，认为应该把“香玉杯”传下去，以此奖励全国各地从事河南戏曲工作成绩突出的后来者，为繁荣发展戏曲事业起到推动作用。常香玉向中共河南省委送去了关于自筹基金、设立“香玉杯艺术奖”的请示报告。1987 年 12 月 26 日，中共河南省委书记办公会议做出决定，同意设立“香玉杯艺术奖”。1988 年 2 月 29 日，在新闻发布会上，常香玉宣布“香玉杯艺术奖”正式设立。《人民日报》《光明日报》《河南日报》《郑州日报》等各大新闻媒体公布了这一消息。“香玉杯艺术奖”设立后，得到了各级领导的大力支持和社会各界的热情关注。为了筹集“香玉杯艺术奖”基金，自 1988 年 4 月起，65 岁的常香玉重新挂帅出征，她作为领衔主演，积极参加每一场的演出。从 5 月初开始，她和陈宪章率团途经巩义、西安、宝鸡，演出 130 多场。到 9 月底，已筹集基金 29 万元，陈嘉康捐献 1 万元，凑足 30 万的整数，“香玉杯艺术奖”基金宣告筹齐。从 1988 年到 2004 年，“香玉杯艺术奖”评奖 9 届，共有来自河南、河北、山东、山西、安徽、江苏、陕西、甘肃、新疆 9 个省、区的从事河南地方戏曲工作的 340 多名专业人员参加评选，9 届总共评选出获奖者 184 名，另有 4 人获得“香玉杯特别贡献奖”。该奖起到了奖掖人才、繁荣戏曲的重要作用。

1987 年 10 月，首届中国艺术节组委会为常香玉颁发了“香玉杯”荣誉奖。

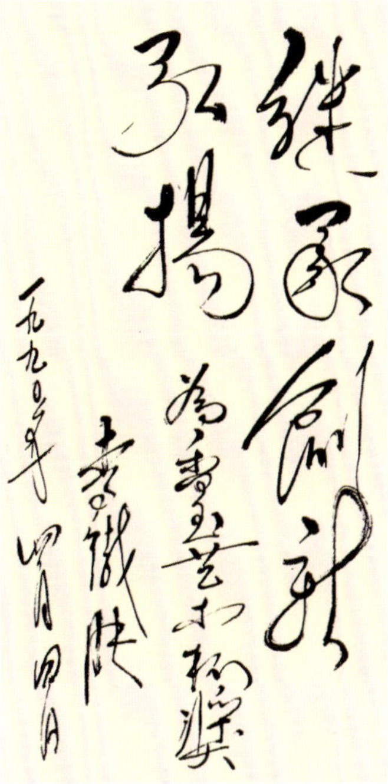

全国人大原副委员长李铁映为“香玉杯艺术奖”题词

著名书画家秦岭云为“香玉杯艺术奖”颁奖题词

“香玉杯”

1988 年，常香玉和陈宪章为“香玉杯艺术奖”集资进行巡回演出。

第七部分

故乡情深

中州大地哺育了常香玉，中原文化催生了常派艺术。常香玉对故乡一往情深，对故乡的人民怀着深情厚爱。不论在什么时候什么地方，都忘不了生她养她的故土，忘不了爱她敬她的河南乡亲。1949 年新中国成立前，在西安、在宝鸡，她曾不止一次地用自己微薄的演出收入，买小米、苞谷和面粉，设席棚、支大锅，给河南来的难民舍饭，拉着架子车或背着给难民家里送粮；为难民学校义演捐款。成千上万的河南难民，永远忘不了常香玉的救命之恩。常香玉也常常思念故乡，忘不掉南河渡家里的窑洞，伊洛河的流水和邙山岭的野菜；看到“香玉坝”的新风貌和家乡的一派繁荣景象，她欣喜异常，和家乡人一起歌唱。她是农民的女儿，和农民亲如家人，同吃同住同劳动。农村乡亲们喜欢听她唱，她随时随地就唱，在劳动中唱，在场院里唱，在农家屋里唱。春夏秋冬，风霜雨雪，她经常在乡亲们中唱呀唱，唱到星落月儿圆。故乡，是常香玉的根，是她生命的摇篮，人生风雨途中的港湾。

1988 年，常香玉在巩义老家窑洞里和母亲回忆往事。

常香玉（右一）与父亲张茂堂、弟弟张振有及大女儿常小玉合影。

1988 年，常香玉和陈宪章回到老家巩义后，过着愉快的农村生活。

1960 年，常香玉在小麦田里和农民亲切交谈。

1960 年，常香玉在河南商丘县城郊乡王坟村农田劳作时喜看丰收的红薯。

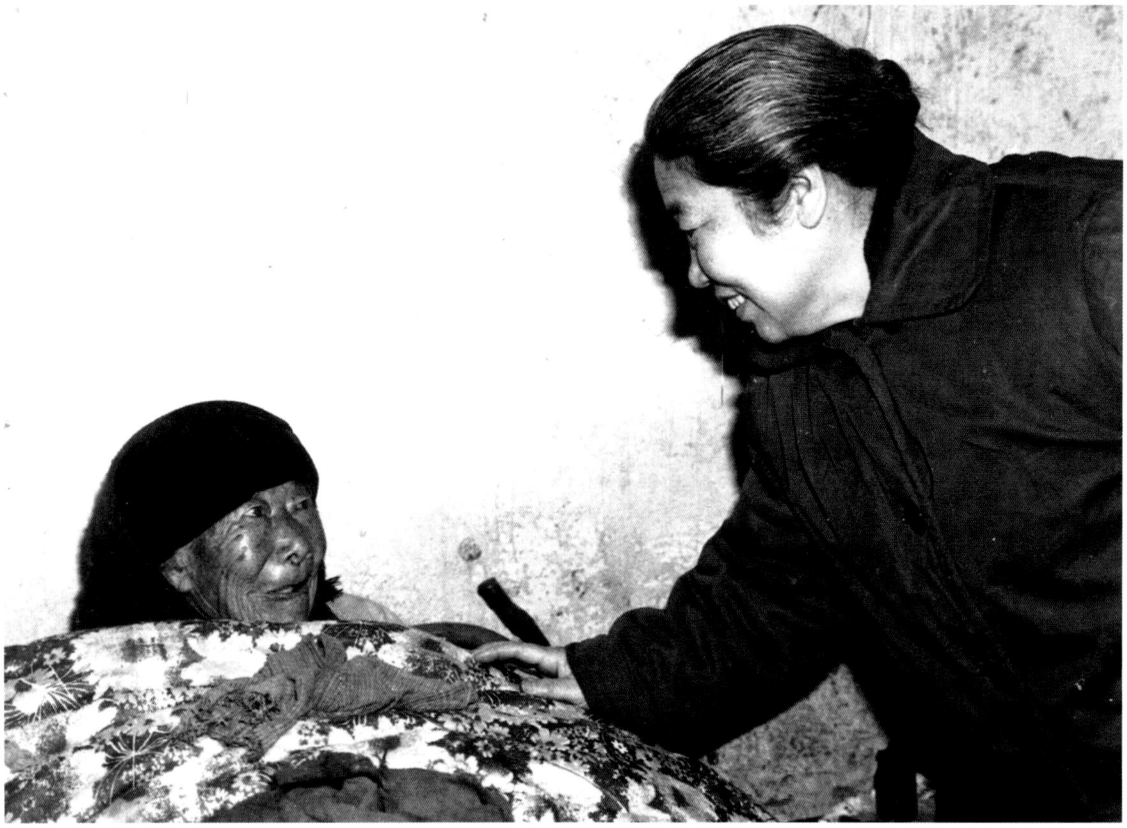

常香玉看望家乡福利院老人。

1960 年 12 月，常香玉在商丘县城郊乡王坟村参加田间劳动。

1960 年 12 月，常香玉在商丘县城郊乡王坟村参加田间劳动，抬着一筐土飞跑。

1960，常香玉在田间地头和农民亲切交谈。

1984 年 2 月，常香玉冒着寒冷深入郑州郊区白庄慰问，农民大嫂紧紧握着她的手说："我们白庄人很想念您。"

1959 年，常香玉在河南农村演出。

1984 年，常香玉走到哪里都很受群众欢迎，为了看到她的演唱，群众有的站在自行车上，有的爬到树上。

1984 年 1 月 20 日，常香玉在扶沟县吕谭乡，冒着严寒为农民群众演唱。

1988 年，常香玉受到巩义老家乡亲们的热烈欢迎。

1988 年，常香玉重回故地，在自己 20 世纪 40 年代初捐资修建的巩义洪沟水坝前为当地乡亲们热情地唱歌。

1988 年，常香玉在巩义老家为乡亲们演唱。

1989 年，常香玉在家中练书法。

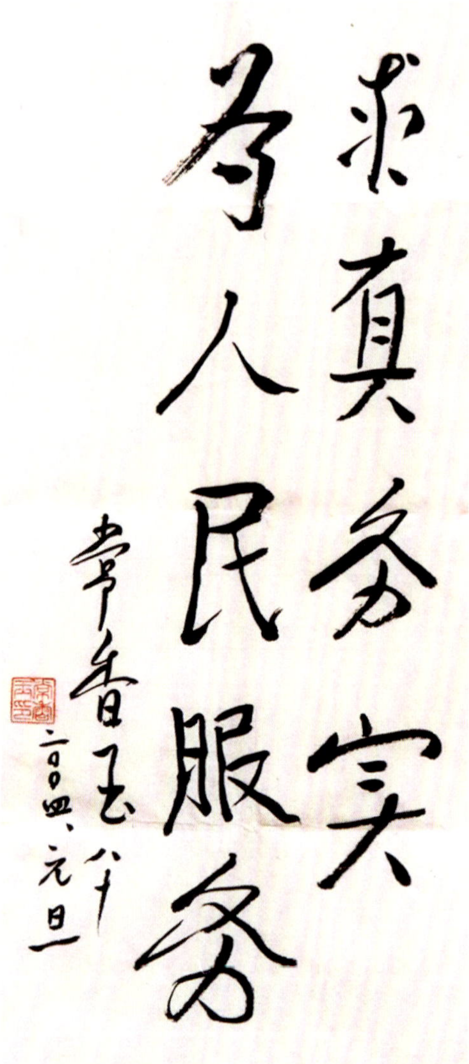

2004 年元旦，常香玉书法。

1986年，常香玉、陈宪章和儿子、女儿、外孙女在家中合影。

1983年，常香玉与孙女英姿、外孙女瑞瑞在庭院里打牌。

快乐大家庭，其乐也融融。

2004 年 4 月，常香玉在郑州与儿子陈嘉康一家合影。

遵照常香玉的遗嘱，常香玉的子女为香玉小学图书馆捐款。常如玉代表他们姊妹四人为香玉小学捐款一百万元。

香玉小学的学生在朗诵常奶奶的爱祖国、爱人民、爱家乡、全心全意为人民服务的高尚品德。

第八部分

常韵流芳

常香玉的生命与艺术实践，是一首优美华丽的长诗，一首用心血铸就的辉煌的人生艺术史诗；是一首热爱党、热爱祖国、热爱人民的抒情诗；一首风骨刚健、崇高优美的戏剧诗。

她在人生和艺术舞台上的辛勤耕耘，不懈奋斗，直到那颗纯净激情的心脏停止了跳动，为自己画上了一个完美圆润的句号。一代大师常香玉虽然离我们远去，一颗时代的艺术巨星陨落，一位人民喜爱的艺术家停止了歌唱，但她追求的“戏比天大”，忠心报国，视艺术为生命，将毕生精力贡献给中国民族戏曲事业的精神永存天地。

党和国家不会忘记她所做的贡献，广大人民群众和戏迷朋友们不会忘记她的戏曲形象。2004 年 7 月，党和国家特意追授这位豫剧大师“人民艺术家”的荣誉称号。2009 年，常香玉当选“100 位新中国成立以来感动中国人物”。2019 年，中共中央宣传部、组织部，中华人民共和国教育部等单位授予常香玉“最美奋斗者”称号。

常香玉走了，她的艺术与人生之路，德艺双馨的风范是值得我们永远学习的榜样和效仿的楷模。“百年春秋转瞬逝去，音容犹在常香玉”。祖国山河，中原大地，人们仍在品读常香玉的诗，仍在传唱常香玉的歌。诗魂映日月，歌情动天地，人间永记常香玉。

常香玉德艺双馨事迹报告团在北京报告会会场

“常香玉德艺双馨事迹报告团”成员在北京人民大会堂受到中央领导同志的亲切接见。

前排：中共中央政治局委员、书记处书记、中宣部部长刘云山（左五），国务委员陈至立（左六），文化部部长孙家正（右三），中国文联党组书记李树文（左四），中宣部副部长李从军（右二），河南省委副书记王全书（左二）。

后排：中宣部文艺局局长杨志今（左一），范军（左二），常如玉（左三），河南省委宣传部副部长王岭群（左四），河南省委常委、宣传部部长孔玉芳（左五），荆桦（左六），高玉秋（左七），汪荃珍（左八）。

2005年6月，中共河南省委宣传部、河南省文化厅举办“省会纪念人民艺术家常香玉逝世一周年”大型文艺晚会。

纪念人民艺术家常香玉逝世一周年，河南电视台“梨园春”晚会上常小玉（右）扮崔莺莺、常如玉（左）扮红娘演出豫剧《拷红》选段。

在纪念人民艺术家常香玉逝世一周年常派艺术演唱会上，小演员的精彩演出博得观众阵阵掌声。

纪念人民艺术家常香玉逝世一周年，河南电视台“梨园春”晚会上，小戏迷在认真演唱。

纪念人民艺术家常香玉逝世一周年，河南电视台“梨园春”晚会上，小戏迷在认真演唱。

纪念人民艺术家常香玉逝世一周年，河南电视台“梨园春”晚会。

常香玉故居开放，记者采访常香玉家人。

常香玉的弟弟张振有、子女常小玉、陈小香、陈嘉康、常如玉及家属，在香玉故居门前合影留念。

2005年6月，在河南省巩义市南河渡镇举办“香玉故居”开放仪式。

香玉小学的学生们在学习国务院关于追授常香玉同志为“人民艺术家”荣誉称号的决定。

香玉小学的学生们正在参观常奶奶年幼时常用的水井。

巩义市委原副书记张春阳（右一）、陈嘉康（右二）、河南省剧协原副主席齐飞（左）为“香玉坝”揭牌。

参观“香玉坝”的人络绎不绝。

巩义市河洛镇香玉小学建于2004年，是以“人民艺术家”常香玉大师的名字命名的全日制公办小学。学校设有少年宫、多媒体室、电教室、图书室、阅览室、实验室等各种功能室，开设书法、美术、舞蹈、体育、戏曲等特长班。学校先后荣获河南省家长学校示范单位、河南省“一校一品”示范校、郑州市平安校园建设先进单位、郑州市文明学校、郑州市标准化学校、巩义市素质教育示范学校、巩义市质量教育示范学校、巩义市五育并举先进单位等称号。2011年中华人民共和国教育部为学校颁牌，设立“常香玉班”。

香玉小学

香玉小学全貌。

香玉小学的学生们正在认真地听讲。

香玉小学老师在讲课。

常香玉红色艺术纪念馆铜像展厅。

巩义市教育局新时代文明实践“践行核心价值观　做新时代好少年”宣讲活动。

2023 年 4 月 18 日，香玉小学三年级师生到常香玉红色艺术纪念馆开展“践行核心价值观　做新时代好少年”研学活动合影。

2023 年 4 月 18 日，香玉小学三年级师生到常香玉红色艺术纪念馆开展“践行核心价值观　做新时代好少年”研学活动。

2023 年 4 月 18 日，香玉小学三年级师生到常香玉红色艺术纪念馆开展“践行核心价值观　做新时代好少年”研学活动。

2023 年 4 月 18 日，香玉小学志愿者讲解员为中原西路小学的师生讲解香玉大师故事。

完成捐赠“香玉剧社号”战斗机任务后，西北文化部、西北文联赠送演职人员的纪念章。

人民艺术家常香玉故居院子外景

人民艺术家常香玉故居室内

“香玉坝”灌溉的小麦，丰收在望

伊洛河水滋润了香玉故里，造福人民。

“香玉坝”拦截伊洛河水灌溉农田，一望无际的禾苗在茁壮成长

常香玉生平大事年表

1923 年出生

10 月 17 日（农历九月十五日），生于河南巩县（今巩义市）南河渡乡董沟村的一个贫苦家庭，取名张妙玲。

1930 年 7 岁

离开家乡，随父张茂堂（艺名张凤仙，后改名张福仙）到密县学艺。

1932 年 9 岁

春，临时顶替生病的演员上场，饰演《秦香莲》剧中英哥。此为平生第一次登台。

跟父亲学了第一出刀马旦戏《洪月娥背刀》，之后又学了须生戏《吕洞宾戏牡丹》、青衣戏《阴阳河担水》。

秋，有戏班来煤窑演出，演出“穿头场”（垫戏）《吕洞宾戏牡丹》。此为演戏生涯的开始。

1933 年 10 岁

在密县跑高台，一边学艺，一边串演角色。

秋，被父亲的好友、戏迷常会庆认作干女儿，改名常香玉。

1935 年 12 岁

11 月，搭入周海水的太乙班，赴开封醒豫舞台演出，主要演垫戏。

1936 年 13 岁

1 月，演出《曹庄杀妻》《杀王腾》《大祭桩》三个戏，因其嗓音清亮，吐字清晰，武功出色，大获观众好评，被誉为首闯开封踢的“三头脚”。

农历八月十五前后，连演三场《泗州城》，轰动开封。

结识河南大学教师、剧作家兼导演王镇南和史书明。

1937 年 14 岁

2 月 4 日，中州戏曲研究社成立，始排演由王镇南改编、导演，张福仙创腔的六部《西厢记》，在前两部中饰演崔莺莺，在后四部中饰演红娘。演出后，受到观众热烈欢迎，其声名大震，可与“豫剧皇后”陈素真平分秋色。

1938 年 15 岁

2 月 5 日，上演宣传抗日的现代戏《打土地》，引起强烈反响。

4 月 11 日至 17 日，开封举办“保卫大河南宣传周游艺会”，再次演出《打土地》。

6 月，开封沦陷前夕逃难到密县，与马金凤合作演出。

秋，首次赴洛阳为救济遭水灾的难胞义演。

12 月，应邀赴西安演出。

1939 年 16 岁

在西安豫秦剧院演出，剧目有《孟姜女》《凤仪亭》《蝴蝶杯》《杀王腾》《玉虎坠》《泗州城》《西厢记》《闹书馆》《贩马记》等。为西安河南同乡会办的西北中学募捐义演。

1940 年 17 岁

8 月，应军事参议院原副院长张钫邀请，赴河南新安县铁门镇为千唐志斋博物馆竣工庆贺演出。

冬，得重病肋膜炎，在洛阳关林医院开刀，摘掉两根肋骨。手术后，由常香玲陪伴在洛阳养病，陷入困境。多亏有师妹常香玲相依为命，渡过难关。

1941 年 18 岁

秋，病愈重返洛阳，初识正在世界舞台演出的崔兰田。

1942 年 19 岁

2 月，为家乡巩县筑坝义演捐款，演出 10 天，收入相当于当时 800 袋面粉的价值。南河渡石坝建成，村民树碑纪念其功德。

某日，演出《秦雪梅》，国民党卢专员到后台调戏女演员，常香玉拒绝为其演出，冲出后台，从窑洞顶上跳下，摔昏过去。后被宪兵队关押，被迫唱了一场戏后，连夜离开洛阳再去西安。

秋，赴宝鸡为逃难的河南灾民募捐义演，买下一批大新面粉公司的麸面，发放给灾民。

结识宝鸡大新面粉公司董事长、河南老乡黄自芳。

1943 年 20 岁

农历正月初六，演出由黄自芳编剧的《灯节缘》。

农历正月初七，在聚餐评戏时，26 岁的宝鸡县三青团干事长兼中州小学校长陈宪章发表意见，引起常香玉的注意和好感。

5 月，在恶霸李樾村逼迫演出的堂会上，她面对李家举枪威吓，痛骂恶霸后吞下金戒指自杀，被送进宏仁医院后获救。

1944 年 21 岁

6 月 3 日，与陈宪章在西安东大街正大豫饭庄秘密举行结婚仪式。

1945 年 22 岁

4 月 28 日，在西安《陕西青年报》发表启事，公开与陈宪章结婚的消息，成为轰动一时的新闻。此后，辍演 18 个月。

1946 年 23 岁

陈宪章把六部《西厢记》改为《拷红》，并重新设计唱腔，演出大受欢迎。

12 月，赴宝鸡义演。

1947 年 24 岁

2 月，由西安抵开封，参加为梁苑中学举行的募捐义演。

4 月，在西安中正堂与崔兰田合作义演《桃花庵》(常饰演窦氏，崔饰演妙善)、《凤仪亭》(常饰演貂蝉，崔饰演吕布)。

初冬，陈宪章因被疑与共产党员交往而被捕入狱。

1948 年 25 岁

年初，陈宪章获释。

12 月，在《新国民日报》刊登“香玉豫剧学校”招生广告，筛选 4 名男生陈玉鼎、夏玉润、王玉朋、刘玉贤，4 名女生赵玉环、秦玉秀、高玉秋、马玉英，免收学费并供食宿。

1949 年 26 岁

2 月，应国民党军事委员会西北行辕主任张治中之邀，乘飞机抵达兰州演出。

8 月，一路西行在武威、张掖、酒泉演出。

9 月 25 日，在酒泉迎来解放，改香玉剧校为香玉剧社。

1950 年 27 岁

9 月 3 日，率香玉剧社离开兰州赴西安，参加西北区文化部主办的观摩演出，并决定落户西安。常香玉任香玉剧社社长，陈宪章任副社长，演出的主要剧目有《拷红》《游龟山》《铡美案》《卖苗郎》《破洪州》《白蛇传》等。

10 月，为配合抗美援朝宣传，积极排演爱国戏，演出由陈宪章改编、导演的《如姬窃符》。

11 月，与崔兰田合作演出《二度梅》。

1951 年 28 岁

7 月，与陈宪章商议用演出收入捐献一架战斗机，支援抗美援朝。陈宪章亲自改编、导演反映爱国主义精神的豫剧《花木兰》，20 多天后上演，受到观众欢迎。

8 月 7 日，捐机巡回义演开始。常香玉卖掉自己的一辆卡车和金银首饰 22 两，筹集现金 9 万元（旧币），作为义演基金。

8 月 8 日，义演首站抵达开封，河南省原省长吴芝圃向剧社颁发奖金。

1952 年 29 岁

3 月 4 日，香玉剧社完成捐机义演任务回到西安，文艺界代表 1500 多人到车站迎接。这次捐机义演长达半年，足迹遍及开封、郑州、新乡、武汉、广州、长沙等地，演出 180 多场，观众达 31 万余人次，捐献 15.2 亿（旧币）。捐献的战斗机被命名为"香玉剧社号"。

10 月 6 日至 11 月 14 日，赴京参加第一届全国戏曲观摩演出大会，在开幕式上演出《花木兰》；在中南海怀仁堂演出《拷红》，毛泽东、周恩来观看了演出。在这次大会上，与梅兰芳、周信芳、程砚秋、袁雪芬、王瑶卿、盖叫天一起获得最高荣誉奖。

12 月，参加以宋庆龄为团长的中国代表团，出席在奥地利维也纳召开的世界人民和平大会。会后随团访问了苏联、匈牙利等国。演出了《拷红·佳期》和《花木兰·思家》。

1953 年 30 岁

3 月上旬，香玉剧社一行 40 人跨过鸭绿江大桥，赴朝鲜为中国人民志愿军进行慰问演出。在前沿阵地，在医院，在战士住的坑道，为战士们演唱，受到中国人民志愿军司令员彭德怀等高级将领的接见。

8 月 27 日，离开朝鲜回国。

此次慰问演出历时近半年，演出 651 场，观众达 36 万人次。

1954 年 31 岁

7 月，当选为河南省第一届人民代表大会代表。

9月，赴京出席第一届全国人民代表大会第一次会议。

10月，在京演出《断桥》，毛泽东观看后称赞："这个戏很朴实，地方味很足。"

1955年32岁

夏，香玉剧社回到河南，落户郑州。

1956年33岁

1月，为配合农业合作化高潮，排演现代戏《漳河湾》，饰演农村干部曹秉华。

3月，河南豫剧院成立，任院长。香玉剧社改称为河南豫剧院一团。《花木兰》被长春电影制片厂搬上银幕。

12月18日，河南省首届戏曲观摩演出大会在郑州开幕，主演由陈宪章编导的《大祭桩》，获得大会最高奖荣誉奖。

1957年34岁

1月14日，中国戏剧家协会河南分会成立，当选为副主席。

1958年35岁

5月，演出根据同名沪剧改编的现代戏《母亲》，饰演革命者的母亲一角。

11月，在省军区礼堂为党中央召开的郑州会议演出，毛泽东、刘少奇、朱德、邓小平、陈毅、彭真等中央领导观看了演出。

1959年36岁

2月至3月，为党中央第二次郑州会议演出《破洪州》，毛泽东、刘少奇等中央领导观看演出，受到毛泽东的称赞。

4月24日，毛泽东写信给周恩来，推荐《破洪州》于国庆期间进京，为全国人民代表大会演出。

5月4日，在邓小平和中央领导的关怀下加入中国共产党。

夏，因病在京住院治疗，周恩来两次派人到医院慰问，邓颖超受周恩来委托亲自到医院看望。手术成功。

9月，出席全国人大会议，同时率河南豫剧院一团进京参加中华人民共和国成立10周年献礼演出。

10月2日，在中南海怀仁堂为毛泽东、周恩来等中央领导再次演出《破洪州》。

1960年37岁

3月至6月，参加文化部在中国戏曲研究院举办的戏曲表演艺术研究班。

1962年39岁

2月，收常小玉、孙玉菊、孙兰香、林秀兰为徒。

11月，参加河南省豫剧流派名老艺人座谈会。

1964年41岁

1月1日，毛泽东、刘少奇、朱德等中央领导在北京观看河南豫剧院三团演出的《朝阳沟》，常香玉扮演拴宝娘。演出结束后，毛泽东接见了全体演出人员，并合影留念。

5月，演出现代戏《李双双》，饰演李双双。

1965年42岁

7月，赴广州参加中南区现代戏汇演，在《人欢马叫》中饰演吴大娘。

9月，《人欢马叫》由西安电影制片厂搬上银幕。

1966年43岁

6月，“文化大革命”开始，被迫停演并遭到批斗，艺术活动完全中断。

1969年46岁

春，在西华农场“劳动改造”。

1972年49岁

回到河南省豫剧二团参加工作。

1973年50岁

4月，参加演出现代戏《百将渡》，饰演杨奶奶。

1974年51岁

10月，与郑州市豫剧团合作，在现代戏《红灯记》中饰演李奶奶。

1975年52岁

3月，率郑州市豫剧团赴京参加全国文艺调演，演出《红灯记》。

1977年54岁

1月，参加在北京工人体育馆举行的纪念周总理大型诗歌演唱会，演唱郭沫若作词的《水调歌头·粉碎“四人帮”》，轰动全场，反响强烈，迅速传遍全国。

12月，调任河南省戏曲学校校长。

1978年55岁

11月，演出现代戏《于无声处》，饰演梅林。

1979年56岁

10月，参加全国第四次文代会，当选为中国戏剧家协会副主席。

1980年57岁

3月27日至4月13日，河南省豫剧流派汇报演出大会在郑州举行，演出《白蛇传·断桥》。至此，豫剧基本确立了“五大名旦”即常（香玉）、陈（素真）、崔（兰田）、马（金凤）、阎（立品）五大流派。专家将常派的特点归纳为：舒展奔放（唱腔），刚健清新（表演）。

5月，参加河南省第二次文代会，当选为省文联副主席、省戏剧家协会主席。

6月，文化部、中国剧协、河南省文化局、河南省文联隆重举行“祝贺常香玉舞台生涯50周年”纪念活动，表彰她为发展豫剧事业做出的卓越贡献。

10月，收郑州市豫剧团王希玲为徒。

1981 年 58 岁

6 月，收郑州市豫剧二团虎美玲为徒。

12 月，在河南省戏曲现代戏汇报演出大会上，与郑州市豫剧团合作，演出由陈宪章创作的歌颂农村改革开放的现代戏《柳河湾》，饰演郭大脚。

1982 年 59 岁

1 月至 3 月，率郑州市豫剧团赴京演出现代戏《柳河湾》，连演 19 场，场场爆满。

1983 年 60 岁

6 月，被河南省委任命为省文化厅顾问，不再担任省戏校校长。

1984 年 61 岁

5 月，收汪荃珍、李金枝、张丽萍、陈继萍、于波、冯四维、王素珍为徒。

1985 年 62 岁

10 月，担任河南省第一届戏剧大赛评委会副主任。

1986 年 63 岁

1 月，参加全国人大中法友好代表团出访法国，在法国议长举行的宴会上，清唱了《穆桂英挂帅》《花木兰》唱段。

1987 年 64 岁

5 月，与唐喜成等表演艺术家为大兴安岭火灾义演 9 场。

10 月，赴武汉参加中国艺术节演出。艺术节组委会专门为她颁发了荣誉奖。

1988 年 65 岁

2 月，宣布设立“香玉杯艺术奖”。

4 月，收河南省豫剧一团王惠为徒，演出《拷红》，常香玉饰演崔夫人。

5 月，承包河南省豫剧一团，陈宪章任团长；为筹集“香玉杯艺术奖”基金，到巩义、洛阳、西安、咸阳、宝鸡等地巡回演出，共演出 130 多场，观众达 27 万人次，筹得资金 30 万元。

10 月，颁发第一届“香玉杯艺术奖”。

1990 年 67 岁

3 月，获中国唱片总公司首届“金唱片”奖。

4 月，颁发第二届“香玉杯艺术奖”。

5 月，为北京亚运会捐资义演。

1991 年 68 岁

5 月，颁发第三届“香玉杯艺术奖”。

7 月，参加中央电视台“风雨同舟”义演晚会，为遭受水灾地区民众募捐。

12 月，被推举为河南省剧协名誉主席。

1992 年 69 岁

3 月，出席七届全国人大五次会议期间，到北京昌平的中国航空博物馆，参观抗美援朝时捐献的“香玉剧社号”米格 15 歼击机。

6 月，参加河南省剧协、河南省戏研所、《河南戏剧》杂志社联合举办的“陈宪章剧作研讨会”，与会的 40 多名专家探讨了陈宪章剧作和常派艺术的整合关系，陈宪章的剧作被誉为常派艺术宫殿的“脚手架”。

本年，办理离休手续。

1993 年 70 岁

5 月，颁发第四届“香玉杯艺术奖”。

1994 年 71 岁

4 月，获“中国豫剧名旦功勋杯”。

6 月，获“亚洲最佳艺人终身成就奖”。

1995 年 72 岁

5 月，颁发第五届“香玉杯艺术奖”。

8 月，收焦作市豫剧团管爱梅、省豫剧二团卢玉琴为徒。

10 月，赴京参加全国中老年戏曲汇演，在闭幕式上登台献艺。

本年，被国务院授予“全国先进工作者”称号。

1996 年 73 岁

为迎接香港回归，随河南省豫剧艺术团赴港演出，演唱《花木兰》《断桥》《拷红》唱段。

1997 年 74 岁

4 月，河南省振兴豫剧指导委员会成立，任主任委员。

5 月，颁发第六届“香玉杯艺术奖”。

6 月，在河南省电视台举办的迎接香港回归晚会上，演唱《水调歌头·百年梦圆》；在省人民剧院携子女为下岗工人义演；收济源市豫剧团索海燕为徒。

12 月，收山东省菏泽地区豫剧团朱桂芹为徒。

本年，受聘为河南省临颍县南街村希望戏曲学校名誉校长，先后 8 次前往南街村，4 次讲课，4 次观看孩子们的演出。

1998 年 75 岁

年初，率家人和弟子在河南人民剧院义演，所得 6 万元全部捐给河南省送温暖工程基金会；义演晚会上，收相声演员范军为徒。

12 月，收开封市豫剧团朱巧云为徒。

1999 年 76 岁

5 月，颁发第七届“香玉杯艺术奖”。

为西部打井工程和下岗职工捐款。

2000 年 77 岁

7 月 9 日，著名剧作家、常香玉的丈夫陈宪章病逝，享年 83 岁。

2001 年 78 岁

5 月，颁发第八届“香玉杯艺术奖”。

6 月，为残疾儿童捐款。

2003 年 80 岁

年初，查出身患癌症，在北京协和医院住院治疗。

5 月，为抗击“非典”捐款。

6 月，颁发第九届“香玉杯艺术奖”；在郑州接受中央电视台《艺术人生》节目专访。

8 月，中央电视台《艺术人生》播出《常香玉专辑》。

12 月，抱病慰问在北京奥林匹克中心建筑工地的河南民工，清唱《柳河湾》唱段。

2004 年 81 岁

3 月，住进河南省人民医院。

4 月 11 日，在病房为第三届河南国际投资贸易洽谈会开幕式晚会录制祝词和清唱。

4 月 12 日，在病房会见中央电视台主持人朱军和杨澜。

6 月 1 日晨 7 时零 6 分，病逝于河南省人民医院。

6 月，河南电视台“梨园春”播出常香玉专题文艺晚会。

7 月 7 日，国务院追授常香玉“人民艺术家”荣誉称号。

2005 年

6 月，河南电视台“梨园春”举办纪念常香玉逝世一周年专题晚会，河南省委宣传部、河南省文化厅及郑州英协花园主办纪念常香玉逝世一周年文艺晚会。常香玉故居开放，香玉坝落成，巩义市香玉小学师生集会以诗歌朗诵歌颂常香玉大师。

2006 年

7 月，中共中央追授常香玉为全国优秀共产党员。

2009 年

9 月，常香玉被评为“时代领跑者”。

当选“100 位新中国成立以来感动中国人物”。

2019 年

9 月，中共中央宣传部、组织部，中华人民共和国教育部等单位授予常香玉“最美奋斗者”称号。

《人民艺术家常香玉》画册
编辑委员会

主办单位

河南省常香玉基金会

常香玉红色艺术纪念馆

支持单位

延安革命纪念馆

陕甘边革命根据地照金纪念馆

南梁革命纪念馆

中共富平县委党史研究中心

富平县档案馆

中国工农红军陕西富平仲勋学校

河南省巩义市香玉小学

中国摄影报

西安日报

西安晚报

延安日报

宁夏回族自治区文史研究馆

宁夏吴忠市图书馆

陕西省图书馆

西安戏剧家协会

西安易俗社

西部新闻网

人民头条

陕西广播电视台教育专线

西部机场集团传媒公司

西安五星印刷有限公司

文化艺术报